Khenpo Könchog Gyaltsen Rinpoche

Auf der Suche nach dem Reinen Nektar
des Langen Lebens

Khenpo Könchog Gyaltsen Rinpoche wurde in Tsari, Tibet geboren. Nach der Invasion der Chinesen in Tibet floh er mit seiner Familie 1960 ins indische Exil. Er schloß seine Ausbildung 1976 am "Institute for Tibetan Higher Studies" in Varanasi mit Auszeichnung ab. In den folgenden Jahren studierte er bei renommierten Meistern verschiedener tibetischer Schulen und begann anschließend das traditionelle Drei-Jahres-Retreat in Lama Yuru, Ladakh. Unter der Führung des großen Retreat-Meisters, dem ehrwürdigen Khyunga Rinpoche, studierte und praktizierte er den Tiefgründigen Fünffachen Pfad des Mahamudra, die Sechs Yogas von Naropa und weitere tiefgründige Lehren. 1982 besuchte Khenpo Rinpoche erstmalig den Westen und lehrt seitdem hauptsächlich in den USA. Er hat bisher vier Bücher in englischer Sprache verfaßt und zahlreiche Meditationstexte aus dem Tibetischen ins Englische übersetzt.

Khenpo Könchog Gyaltsen Rinpoche

Auf der Suche nach dem Reinen Nektar des Langen Lebens

Grundlagen des Tibetischen Buddhismus

Simon + Leutner

Titel der englischsprachigen Originalausgabe:

ausgewählte Kapitel des Buches
»In Search of the Stainless Ambrosia«
Snow Lion Publication, New York, USA

desweiteren Meditationstexte und Gebete, die der Autor
aus dem Tibetischen ins Englische übersetzte

Herausgeber: Zentrum für tibetischen Buddhismus e. V., Aachen

1. Auflage 1994
© Zentrum für tibetischen Buddhismus e. V., Aachen

Übersetzung: Falko Duwe
Bearbeitung: Elke Tobias (Ani Tenzin Chödon), Christian Licht
Satz: Christian Licht
Umschlaggestaltung: Winni Kock
Foto von Khenpo Rinpoche: Elke Tobias (Ani Tenzin Chödon)
Foto von Seiner Heiligkeit: Sabine Tsering
Druck: Klenkes, Aachen
Verlag und Vertrieb: Simon + Leutner, Oranienstr. 24, 10999 Berlin

ISBN 3-922389-66-X

INHALTSVERZEICHNIS

Einleitung

Teil 1

Teil 2

EINFÜHRUNG

Seine Heiligkeit, der XXXVII.

Drikung Kyabgön Chetsang Rinpoche

 **DRIKUNG KYABGON CHETSANG**

Geleitwort

Im Aachener Drikung Zentrum Sherab Migched Ling wurde Khenpo Könchog Gyaltsen Rinpoches "In Search of the Stainless Ambrosia" übersetzt. Dieses Buch ist eine große Quelle der Inspiration, es gleicht einer erblühenden Blume und es ist wie ein Festmahl für die Dharma-Praktizierenden. Dieses Buch ist sowohl für Anfänger als auch für Fortgeschrittene ein praktischer Führer, denn es übermittelt die Essenz der Dharma-Übungen.

Die Grundübersetzung wurde von Falko Duwe geleistet. Später wurde der gesamte Text unter der Leitung von Ani Tendzin Chödrön von verschiedenen Mitgliedern des Zentrums überarbeitet und in die vorliegende Fassung gebracht. Ich freue mich und schätze die ehrliche und schwierige Arbeit.

Ich bete, daß durch die Übungen dieses Buches alle Praktizierenden ihren Geist zum Dharma hinwenden, daß ihre Übung zum Pfad werden möge, daß ihr Pfad die Verblendung überwinden möge, und daß diese Verblendung zur ursprünglichen Weisheit umgewandelt werden möge.

S. H. Drikung Kyabgön Chetsang Rinpoche

Phiyang Gonpa
Leh 194101
Ladakh
J. & K. India

Jang Chubling
Post Box No. 48
Dehra Dun 248001
U. P. India

VORWORT DES HERAUSGEBERS

Aus den zahlreichen Schriften und Kommentaren der buddhistischen Lehre hat Khenpo Könchog Gyaltsen Rinpoche, während seiner Lehrtätigkeit in den Vereinigten Staaten, Texte zu Grundlagen und zur Praxis des Tibetischen Buddhismus in seinem Buch "In Search of the Stainless Ambrosia" veröffentlicht. Bei einem Besuch in Deutschland übertrug Khenpo Rinpoche uns die Aufgabe, die wichtigsten Kapitel dieses Buches in Verbindung mit kurzen Meditationstexten und Gebeten für den deutschsprachigen Raum zu übersetzen.

"Auf der Suche nach dem Reinen Nektar des Langen Lebens" enthält diese kurz zusammengefaßten Erklärungen allgemeiner Grundlagen, einschließlich wichtiger Grundlagen des Mahayana und des Vajrayana. Kurze Meditationen und Gebete zur täglichen Praxis werden im zweiten Teil des Buches vorgestellt.

Die einzelnen Kapitel des Buches geben dem Anfänger einen Überblick über Schwerpunkte der buddhistischen Praxis. Zusätzliche Erklärungen und Kommentare, die man in verschiedenen Belehrungen erhält und in anderen Schriften ausführlicher nachlesen kann, führen zu einem tieferen Verständnis des Inhalts. Gleichzeitig kann das Buch dazu beitragen, die unterschiedlichen Belehrungen in einen stufenweisen Aufbau einzuordnen. Es ist in seiner zusammenfassenden Form geeignet, wie ein Handbuch zur täglichen Praxis angewendet zu werden. Als Nachschlagewerk eröffnet es dem Praktizierenden im Laufe der Übungen Möglichkeiten, neue Zusammenhänge zu erarbeiten und verdeutlicht immer wieder die Motivation der Praxis. Das Glossar wurde für die deutsche Ausgabe neu erstellt und bietet dem Leser kurze Erklärungen zu Begriffen wie *Buddha*, *Dharma* und *Sangha* bis hin zu den *zweiunddreißig besonderen Merkmalen* an.

Wenn man über die Grundlagen des Buddhismus immer wieder
Belehrungen hört, darüber nachdenkt und entsprechend meditiert, wird sich das Verständnis und die Motivation zur Praxis
des Dharma vertiefen und festigen.

Wir haben uns bemüht, trotz unserer geringen Kenntnis des
Dharma eine verständliche deutsche Übersetzung auszuarbeiten
und danken allen, die zur Erstellung dieses Buches beigetragen
haben, insbesondere S.H. Drikung Kyabgön Chetsang Rinpoche
für seinen Segen durch das Geleitwort zur deutschen Ausgabe,
Ven. Khenpo Könchog Gyaltsen Rinpoche für seine stetige Er-
mutigung zur Fertigstellung, Ven. Lama Sönam Jorphel Rinpoche und Ven. Lama Djampa Rigzin für ihre Hilfestellung bei
Rückfragen zu den tibetischen Texten, Falko Duwe und anderen,
die an der deutschen Übersetzung mitgewirkt haben, Christian
Licht für seine Mitarbeit bei der Überarbeitung und für die Erstellung des Layouts, sowie vielen Dharma-Freunden für das
Korrekturlesen, für die ideelle und finanzielle Unterstützung des
Projektes sowie für ihre Ratschläge und die Vermittlung zum
Druck und Vertrieb. Wir geben es mit dem Wunsch weiter, daß
es bei der Ausübung in der Praxis eine Hilfestellung sein möge.

Ani Tenzin Chödon

Drikung Sherab Migched Ling
Zentrum für tibetischen Buddhismus e.V.

Sarwa Mangalam

VORWORT DES AUTORS
ZUR DEUTSCHEN AUSGABE

In den vergangenen Jahrzehnten entwickelte sich bei vielen Menschen im Westen ein Interesse am Buddhismus und insbesondere am tibetischen Buddhismus. Das vorliegende kleine Buch allgemeiner buddhistischer Lehren, mit einer Auswahl grundlegender *Meditations*übungen des *Vajrayana*, ist konzipiert worden, um neue Interessenten, aber auch fortgeschrittene Praktizierende in ihrem Verständnis und der Praxis des Buddhismus zu unterstützen.

Es entspricht der Natur aller fühlenden Wesen, nach Glück zu streben und Leid zu vermeiden. Diese Ziele können aber nicht durch bloßes Wünschen und Sehnen erreicht werden. Es müssen auch wirkungsvolle Methoden angewendet werden.

Alle Phänomene entstehen aus der Abhängigkeit von Ursachen und Bedingungen, und nichts ereignet sich ohne Ursache oder wenn unvollständige oder nicht verwandte Ursachen vorhanden sind. Die buddhistische Philosophie erklärt deutlich den Zusammenhang von Ursache und Wirkung. Während unheilsame Gedanken und Handlungen Leiden erzeugen, verursachen heilsame Gedanken und Handlungen Glück. Dies ist das unausweichliche Gesetz des *Karma*.

Frieden und Glück im *Samsara* sind vorübergehend und vergänglich. Dies ist das Leiden der Veränderung. Selbst wenn wir das Glück der höheren Bereiche erlangen, gibt es keinen Grund, daran anzuhaften, denn auch dieses Glück wird vergehen. Vollkommenes Glück kann nur durch die Befreiung aus der bedingten Existenz erlangt werden. Darum müssen wir eine Anstrengung unternehmen, um die absolute Freiheit von den Leiden im Samsara zu erreichen.

Ganz gleich, ob wir die vollkommene *Erleuchtung* anstreben, die individuelle Befreiung aus Samsara oder zeitweiliges Glück - grundlegend sind immer die Praxis der *zehn heilsamen Handlungen* und das Aufgeben der *zehn unheilsamen Handlungen*. Wenn wir die zehn heilsamen Handlungen praktizieren, ohne die Entsagung vom Samsara zu entwickeln, wird dies zwar eine Wiedergeburt in den höheren Bereichen der Menschen oder Götter bewirken, aber wir werden weiterhin nicht aus dem Kreislauf der Leiden befreit sein. Führen wir die gleichen Handlungen auf der Basis der Entsagung von den persönlichen Leiden aus, werden wir die individuelle Befreiung erreichen. Praktizieren wir darüber hinaus *Bodhicitta*, werden wir die *Buddhaschaft* erlangen.

Die Vier *Dharmas* von *Gampopa* sind einfach und umfassen trotzdem die vollständigen Lehren des *Sutrayana* und des *Vajrayana*:

Die Vier Dharmas von Gampopa sind:

- der Geist wendet sich dem Dharma zu
- der Dharma wird zum Erleuchtungspfad
- der Pfad beseitigt die Verwirrung
- die Verwirrung wird in Weisheit umgewandelt.

Der Geist wendet sich dem Dharma zu bedeutet in erster Linie, daß wir unsere kostbare menschliche Existenz mit ihren *achtzehn Qualitäten* der Freiheiten und Ausstattungen schätzen lernen. Zum gegenwärtigen Zeitpunkt eröffnet sich uns die Möglichkeit der vollständigen Befreiung aus Samsara und der Erlangung der vollkommenen Erleuchtung.

Die fühlenden Wesen und alle Phänomene sind vergänglich und flüchtig. Die Menschen müssen Geburt, Alter, Krankheit und Tod erleben. Ganz gleich, wieviel Energie wir in die Verbesserung unserer Lebensumstände investieren, alles wird wie ein Traum vergehen. Selbst für kleine Vergnügungen sind wir gezwungen, Mühen und Opfer auf uns zu nehmen, und wenn der Tod naht, bleibt davon nichts weiter als eine verblassende Erinnerung. Was beim Sterben letztlich nur zählt, sind die Verwirklichungen, die wir durch unsere Dharma-Praxis erlangt haben. Auch unser Körper, den wir gehegt und gepflegt haben, wird uns keine Hilfe mehr sein, sondern im Gegenteil zur Quelle des Elends. Alle zusammengesetzten Phänomene sind der Vergänglichkeit unterworfen. Unabhängig davon, wie sehr wir auch danach streben - im Samsara gibt es kein vollkommenes Glück.

Leiden aufgrund abhängiger Existenz beinhaltet sowohl körperliches als auch geistiges Leiden. Die verunreinigten *Skandhas* oder Aggregate sind untrennbar mit den Leiden des Schmerzes, den Leiden der Veränderung sowie den allesdurchdringenden Leiden verbunden. Die fühlenden Wesen leiden überdies daran, nicht das zu bekommen, wonach sie sich sehnen; von dem getrennt zu sein, was sie besitzen möchten; mit Feinden zusammenzutreffen; Freunde und geliebte Menschen zu verlieren und unzufrieden zu sein, selbst wenn sie bekommen, was sie sich wünschen. Ganz gleich, wieviel Vergnügen wir auch erleben, wir werden niemals vollkommen zufrieden sein. Wir suchen immer weiter nach Glück. Das ist die Realität des Samsara.

Haben wir dies zweifelsfrei erkannt, werden wir ganz natürlich nach Wegen aus diesen Umständen suchen. Wenn wir verstanden haben, wie durch den Dharma die Verunreinigungen beseitigt werden können und wie er uns zur Erleuchtung führen kann, wird sich unser Geist dem Dharma zuwenden. Die Kontemplation über die Vier Gedanken (Kostbarer Menschenkörper, Vergänglichkeit, Karma und Samsara) ist daher das geeignete Mittel, durch das sich der Geist dem Dharma zuwendet.

Der Dharma wird zum Erleuchtungspfad bedeutet, daß wir den Dharma nutzen, um die Buddhaschaft zu erlangen. Auf der Grundlage der Vier Gedanken entwickelt man aufrichtig grenzenlose Liebe, Mitgefühl und *Bodhicitta*. Dies ist eine besondere Methode, seinen Geist zu entwickeln, um Freude für sich und andere zu schaffen. Alle *Buddhas* und *Bodhisattvas* der Vergangenheit erlangten ihre Verwirklichung durch die Entwicklung von Bodhicitta, und die Buddhas und Bodhisattvas der Zukunft werden es in der gleichen Weise tun. Es gibt niemanden, der ohne diese Geisteshaltung Verwirklichungen erlangt hat.

Der Pfad beseitigt Verwirrung bedeutet die Beseitigung der drei Geistesgifte Unwissenheit, Begierde und Haß. Ob wir nun

nach den *Sutrayana-* oder *Vajrayana*-Lehren praktizieren, unser
Hauptaugenmerk sollten wir immer auf die Beseitigung dieser
drei Geistesgifte legen. Wenn wir den Dharma dazu benutzen,
Begierde und andere Leidenschaften anwachsen zu lassen, anstatt
den Dharma wirklich zu praktizieren, werden wir uns nur noch
tiefer in Samsara verstricken. Wenn wir den Dharma studieren
oder praktizieren, müssen wir unseren eigenen Geist beobachten.
Wird der Geist klarer, offener, ruhiger, geduldiger, aufmerk-
samer und verständiger, ist dies ein Zeichen für die Beseitigung
der Verwirrung auf dem Pfad. Wenn wir dagegen so fortgeschrittene Dharma-Lehren wie die Methoden des Vajrayana praktizieren und trotzdem überheblicher, undisziplinierter, zerstreuter
und stolzer werden, wenn wir nur noch die negativen Seiten der
anderen sehen, wurde die Verwirrung auf dem Pfad nicht beseitigt.

Um erfolgreich zu praktizieren, sollten wir uns daher immer
wieder die Vier Gedanken, Liebe, Mitgefühl, Bodhicitta und das
abhängige Entstehen in Erinnerung zu rufen. Außerdem sollten
wir immer die Achtsamkeit aufrechterhalten, daß alle Phänomene so unwirklich wie Träume sind. *Kyobpa Jigten Sumgön*
sagte, daß die Vorbereitenden Übungen (*Ngöndro*) viel tiefgründiger und wichtiger als die fortgeschrittenen Praktiken sind.
Ohne eine solide Grundlage wie die der Vorbereitenden Übungen werden fortgeschrittene Praktiken, wie z.B. *Tantra* und
Mahamudra erfolglos sein.

Die Verwirrung wird in Weisheit umgewandelt ist der vierte
Dharma des Gampopa. Da die *Buddha-Natur* alle fühlenden Wesen vollständig durchdringt, gibt es nichts zu erreichen, was wir
nicht schon haben. Das Studium und die Praxis des Dharma hat
vielmehr den Zweck, die Realität des ursprünglichen Zustandes,
die absolute Seinsweise der Wirklichkeit zu erkennen. Um dies
zu erreichen ist es notwendig, die störenden Gefühle zu reinigen,
denn nur so ist es möglich, diese bisher nicht erkannte grundlegende Seinsweise der Wirklichkeit zu erkennen. Wenn wir statt
dessen immer mehr Unwissenheit, Begierde und Haß anhäufen,
kann eine Umwandlung der Verwirrung in Weisheit nicht statt-
finden. Wir können die Buddhaschaft nicht erlangen, indem wir

unsere Leidenschaften vermehren, sondern ausschließlich durch die Beseitigung der Verunreinigungen. Diese Erkenntnis ist von allen großen Meistern der Vergangenheit nachdrücklich betont worden. Ich wiederhole dies hier nur noch einmal.

Für diejenigen von uns, die dem Pfad des Dharma folgen wollen, ist es notwendig, aufrichtig und achtsam zu praktizieren. Es ist nicht so schwierig, den Dharma zu verstehen, aber es ist schwierig, ihn zu praktizieren. Ohne die Anwendung angemessener Methoden in der Praxis werden sich kaum Fortschritte zeigen. Die Trägheit ist tief in uns verwurzelt, und sie veranlaßt uns immer wieder, die Praxis zu verschieben. Der Strom schlechter Gewohnheiten ist außerordentlich stark, und wir werden von ihm hilflos mitgerissen. Wenn wir uns zu Sklaven unserer herzlosen negativen Gedanken machen, leiden wir unnötigerweise. Der Dharma ist das einzige Mittel, um uns zu befreien, aber er sollte achtsam und aufrichtig praktiziert werden. Geben wir den Dharma nicht auf, so wird der Dharma auch uns niemals aufgeben. Der Dharma ist die wirkliche Zuflucht, die uns zur Buddhaschaft führen kann.

Die Übersetzer dieses Buches haben einen großen Dienst geleistet, und es wird sicher von denen hochgeschätzt werden, die den Wunsch haben, den Dharma zu praktizieren. Ich hoffe, daß es zum Nutzen vieler Menschen sein wird.

KURZE BIOGRAPHIE DES AUTORS

Khenpo Könchog Gyaltsen *Rinpoche* ist Abt der *Drikung Kagyü* Klöster. Er ist ein anerkannter Gelehrter der tibetisch-buddhistischen Philosophie und *Meditation*. Khenpo Rinpoche wurde 1946 in Tsari, Tibet, geboren. Im Jahre 1960 siedelte er mit seiner Familie nach Indien über. An der "Central School for Tibetans" in Darjeeling schloß er seine Grundausbildung ab. In den folgenden neun Jahre setzte er seine Studien am "Institute for Tibetan Higher Studies" in Varanasi, Indien, fort. Er spezialisierte sich auf buddhistische Philosophie, Logik, *Abhidharma* und Geschichte. Nach Beendigung seiner Studien an diesem Institut graduierte Khenpo Rinpoche 1976 mit Auszeichnung und erhielt den Titel eines Acharya, der mit dem Magister Artium vergleichbar ist.

In den folgenden zwei Jahren studierte Khenpo Rinpoche bei angesehenen religiösen Meistern Sicht, Meditation und Handlung in buddhistischer Praxis. 1978 begann er ein Drei-Jahres-Retreat in Lama Yuru, einem der drei größten Drikung Kagyü Klöster in Ladakh, Indien. Sein Retreat-Meditations-Meister war der große Meister dieser Praxis, der ehrwürdige Khyunga Rinpoche. Unter seiner Führung studierte und praktizierte Khenpo Rinpoche den *Tiefgründigen Fünffachen Pfad des Mahamudra*, die *Sechs Yogas von Naropa* sowie weitere tiefgründige Lehren. Im Juli 1979, während seines Drei-Jahres-Retreats in Lama Yuru, wurde *Lama* Könchog Gyaltsen zum *Khenpo*, d.h. Abt der Drikung Kagyü Klöster, ernannt.

Im Jahre 1982 besuchte Khenpo Rinpoche auf den Wunsch Seiner Heiligkeit, Drikung Kyabgön Chetsang Rinpoche, die Vereinigten Staaten, um den dortigen Dharma-Praktizierenden zu helfen. Obwohl das "Tibetan Meditation Center" in Washington DC sein Hauptsitz während seines Aufenthaltes in den Staaten ist, reist Khenpo Rinpoche auch in andere westliche und östliche

Länder, lehrt buddhistische Philosophie und gibt Anweisungen in buddhistischer Meditation und Praxis. Im Jahre 1985 unterbrach Khenpo Rinpoche sein intensives Lehrprogramm für ein Retreat im Drikung Thil Kloster in Tibet, wo er von dem 85jährigen erleuchteten Meister, dem ehrwürdigen Pachung Rinpoche, höhere Mahamudra-Belehrungen erhielt.

Khenpo Rinpoche hat drei Bücher in englischer Sprache verfaßt und viele religiöse tibetische Texte ins Englische übersetzt. Seine zuletzt veröffentlichte Publikation hat den Titel: "In Search of the Stainless Ambrosia". Seine beiden anderen Bücher sind: "The Garland of Mahamudra Practices" und "Prayer Flags", das die Lebensgeschichte und die spirituellen Gesänge *Kyobpa · Jigten Sumgöns* enthält.[1] Er übertrug auch viele Meditationstexte ins Englische, namentlich das *Ngöndro, Chenresig, Phowa, Chöd*, das kurze *Guru-Yoga*, das vierteilige Guru-Yoga auf Jigten Sumgön, die weiße *Tara*, den goldenen *Manjushri*, den friedvollen *Padmasambhava, Vajrapani*, Buddha *Amitabha*, zwei unterschiedliche *Chakrasamvara*-Texte, *Vajrayogini* sowie den *Medizin-Buddha*.

Neben seiner Lehr- und Autorentätigkeit unterstützt Khenpo Rinpoche tatkräftig das *Drikung Kagyü Institut* in Indien, das für den Erhalt und die Weiterführung dieser edlen Linie und ihrer kostbaren Lehren unentbehrlich ist.

> Das Gewahrsein von Ursache und Wirkung,
> die Praxis von Mitgefühl und Weisheit
> und der Erleuchtungsgeist
> sind das Herz der Lehren des Buddha.

Sarwa Mangalam.

---

[1] Khenpo Rinpoche veröffentlichte 1990 ein weiteres Buch mit dem Titel "The Great Kagyu Masters".

DIE DRIKUNG-KAGYÜ-LINIE

Der Drikung-Kagyü-Orden des Tibetischen Buddhismus stellt eine einzigartige Tradition des Studiums und der Praxis dar, die durch eine ununterbrochene Linie erleuchteter Lehrer übermittelt worden ist. Als die kostbaren Lehren des Buddha *Shakyamuni* aus dem heiligen Land Indien nach Tibet gebracht wurden, erlangten unzählige Heilige und Yogis durch das vollkommene Verstehen und das Meditieren über die Erhabene Lehre die Verwirklichung.

Von diesen unzähligen Heiligen ausgehend entwickelten sich allmählich acht große Linien: Nyingma, Kadam, Lamdre, Kagyü, Shenpa Dhege, Jordrug und Choeyui. Aus diesen entstand die Takpo-Kagyü-Linie, angefangen mit dem großen indischen Heiligen Tilopa (988-1069), der eine direkte Übertragung der Belehrungen von *Vajradhara* (tib. Dorje Chang) erhielt. Sein Hauptschüler war Pandita *Naropa* (1016-1100), der Leiter der glanzvollen Nalanda-Universität. Dessen Schüler wiederum war Marpa, der Übersetzer (1012-1099), der ausgedehnte Reisen unternahm, - u.a. dreimal nach Indien und viermal nach Nepal - um die Lehren nach Tibet zu bringen. Alles in allem erhielt Marpa Unterweisungen von 108 tantrischen Meistern, unter anderen von Naropa und Maitripa. Pandita Naropa erwählte ihn zum Vajraregenten Tibets und prophezeite, daß die *Mahamudra*-Belehrungen zu großer Blüte gelangen würden.

Marpa's ausgezeichnetster Schüler war Milarepa (1052-1135), der als der größte Yogi Tibets bekannt geworden ist. Jetsün Milarepa erreichte in einem Leben die *Erleuchtung*. Seine Lebensgeschichte und die "Hunderttausend Gesänge" sind Höhepunkte der tibetischen Literatur und des spirituellen Denkens und sind eine wesentliche Inspiration für Praktizierende. Milarepa's Hauptschüler war Gampopa (1079-1153), dessen Kommen von Buddha Shakyamuni selbst prophezeit worden war.

Drikung Kyobpa Jigten Sumgön Ratnashri

Gampopa vereinigt die drei großen Linien von *Nagarjuna*, Asanga und Tilopa. Einer seiner Hauptschüler war Phagdru Dorje Gyalpo. Von ihm stammen acht Kagyü Linien ab, einschließlich die Linie der Drikung Kagyü, deren Oberhaupt (oder Drikung Kyobpa) Jigten Sumgön Ratnashri (1143-1217) war, der Hauptschüler und Nachfolger Phagmodrupas.

Kyobpa Jigten Sumgön war der Vajraregent des Buddha in der nördlichen Hemisphäre. Von ihm hat der Buddha in der Yeshe Yongsugyepa *Sutra* gesagt:

"In der Nördlichen Hemisphäre, inmitten von Schneegebirgen, wird ein Ratnashri entstehen. Dieses außergewöhnliche Wesen, das weltweiten Ruhm erlangt, wird meine Lehre bedeutend fördern."

In der Ghongdu Sutra heißt es weiter:

"Der Ort der Urquelle des Dharma namens Drikung wird einen Ratnashri hervorbringen, welcher im Jahr des Schweins geboren sein wird. Er wird von einer millionenfachen Schar von Schülern umgeben sein und wird nach seinem Tod in die Ngongai Buddha-Länder eingehen. Dort wird er 'Vollkommen Weißer Buddha' genannt werden."

In zwanzig Sutras und *Tantras* werden ähnliche Prophezeiungen über Kyobpa Jigten Sumgön gemacht, während der Singalese Arhata Bhikshu und die Grüne Tara aussagten, daß er die Reinkarnation von Nagarjuna ist.

So kam es, daß Jigten Sumgön Ratnashri im 12. Jh. in Osttibet bei Naljor Dorje und Rakshesatsun geboren wurde. Im Alter von 25 Jahren begegnete er Phagmodrupa und erhielt alle Belehrungen der Sutras und Tantras. Als sein Lehrer starb, ereignete sich eine wundersame Übertragung eines goldenen Licht-Vajras vom Herzen von Phagmodrupa zum Herzen von Ratnashri. Nach sieben Jahren der Meditation in der Echung-Höhle in Zentraltibet erlangte Ratnashri die Erleuchtung im Alter von 35 Jahren. Danach empfing er die *Bhikshu*-Ordination und sein Ruhm breitete sich in ganz Tibet aus.

Im Alter von 37 Jahren gründete er seinen Hauptsitz in Drikung,
den er Jangchub Ling (Zentrum der Erleuchtung) nannte. Hier
betonte er die Wichtigkeit der ethischen Disziplin und der Entwicklung von *Bodhicitta* als die Grundlagen der Lehren des
Buddha. Da sein Geist mit dem aller Buddhas vereint war,
konnte er nun alle Bodhisattvas und fühlenden Wesen entsprechend ihrer Aufnahmefähigkeit und ihrem Verständnis führen.
Er versammelte 180.000 Schüler um sich und prophezeite, daß
sie 3.500 Klöster an verschiedenen Stellen, u.a. in Tibet, Indien
und China, gründen würden. Die Prophezeiung erfüllte sich und
es wurden sechs Texte verfaßt, die diese wichtigen Dharma-Akti-
vitäten beschreiben. Während der Kulturrevolution wurden diese
Texte zerstört.

Als der erste Karmapa, Dusum Khyenpa, Drikung besuchte, sah
er Kyobpa Jigten Sumgön als den Buddha selbst. Er entwickelte
großes Vertrauen zu ihm und erhielt seine Belehrungen. Ratnashri wurde von den Königen Indiens, Chinas und Tibets aner-
kannt, während ein König der *Nagas* ihm anbot, die wachsende
Anzahl der Schüler in Drikung zu versorgen. So erreichte Drikung die Höhen spiritueller und akademischer Vortrefflichkeit.

Kyobpa Jigten Sumgön schickte viele Schüler zu den heiligen
Stätten, wie beispielsweise zum Berg Kailash, den Lachi Schnee-
bergen und nach Tsari, so daß die Drikung-Kagyü-Linie diese
heiligen Orte bewahrte. Jigten Sumgön ging im fünfundsiebzig-
sten Lebensjahr in das Mahaparinirvana ein.

Mehr als acht Jahrhunderte sind nun seit der Gründung der Drikung-Kagyü-Linie vergangen. Vom großen Abt Kehchen Gurawa
Tsultrim Dorje bis zur Gegenwart sind es 37 aufeinanderfolgende
Lehrer gewesen, die die goldene Kette der Drikung-Kagyü-Linie
bilden.

Infolge des Holocausts am tibetischen Volk und an der tibetischen Kultur kam die kostbare Drikung-Kagyü-Linie beinahe
zum Aussterben. Dennoch haben viele große Lehrer, einschließlich Ihre Heiligkeiten Drikung Chetsang Rinpoche und Drikung
Chungtsang Rinpoche überlebt, die das Studium und die Praxis
der Lehren am Leben erhalten haben. Drikung Thil ist der

Hauptsitz der Linie in Tibet geblieben, während viele andere Drikung-Klöster im östlichen Teil des Landes gedeihen. Außerhalb von Tibet befinden sich wichtige Drikung-Klöster in Indien und Nepal.

1. TEIL

GRUNDLEGENDE BELEHRUNGEN

DIE PRAXIS DES VAJRAYANA

BARDO-BELEHRUNGEN

GRUNDLEGENDE BELEHRUNGEN

Die Buddha-Natur

Alle fühlenden Wesen besitzen die *Buddha-Natur* oder tragen, anders ausgedrückt, den Samen der *Erleuchtung* in sich. In der Samadhi Raja *Sutra* sagt der *Buddha*:

> "Alle fühlenden Wesen sind durchdrungen von der Essenz des *Sugata* (dem So-Gegangenen). So wie zum Beispiel Milch von Butter durchdrungen ist, so sind auch die fühlenden Wesen vom Samen der Erleuchtung durchdrungen. Vollkommene *Buddhaschaft* ist *Dharmakaya*, die alles-durchdringende *Leerheit*. Diese Leerheit durchdringt alle fühlenden Wesen. Aus diesem Grund tragen alle fühlenden Wesen den Samen der Erleuchtung in sich."

Wie die Soheit[2] der ganzen Wirklichkeit ohne Unterschiede ist, so gibt es auch keinen Unterschied zwischen der wirklichen Soheit eines Buddha und der eines fühlenden Wesens. Es gibt kein besser oder schlechter, kein höher oder geringer, kein größer oder kleiner. Von daher besitzen alle fühlenden Wesen die Essenz der Erleuchtung. So, wie es möglich ist, Butter aus Milch zu gewinnen und Öl aus Sesamsamen, so ist es auch für die fühlenden Wesen möglich, die Erleuchtung zu erlangen.

---

[2] das wahre Sein der Realität

Die Vier Allgemeinen Grundlagen

Die Kontemplation über den Kostbaren Menschenkörper als ein Mittel, dieses Leben mit Bedeutung zu füllen

Um die Erleuchtung zu erlangen, benötigen wir **die achtzehn Qualitäten** eines Kostbaren Menschenkörpers. Diese beinhalten:
- die acht Freiheiten
- die zehn Ausstattungen.

Die acht Freiheiten

Man darf nicht geboren sein:
1. in den Höllenbereichen
2. als ein Hungriger Geist
3. als ein Tier
4. an einem Ort, an dem die Lehre nicht vorhanden ist
5. als ein Langlebiger Gott (der zufrieden damit ist sich nicht weiter zu entwickeln)
6. mit falscher Anschauung (der Unkenntnis von *Karma*, vergangenen und zukünftigen Leben)
7. wo kein Buddha erschienen ist
8. taub, stumm, blind oder geistig behindert.[3]

---

[3] Dies soll nicht bedeuten, daß jemand davon ausgeschlossen ist die Buddhaschaft zu erlangen. Alle Wesen haben diese Möglichkeit, da sie, wie im Kapitel über die Buddha-Natur erklärt, den Samen der Erleuchtung in sich tragen.
Die Kontemplation über den Kostbaren Menschenkörper soll vielmehr eine Wertschätzung unserer jetzigen Situation bewirken, indem wir

Wenn man in einem der erwähnten Bereiche oder mit den beschriebenen Eigenschaften geboren wird, hat man kaum eine Möglichkeit, die Lehren zu studieren und zu praktizieren. Um dies durchführen zu können, sind **die zehn Ausstattungen** erforderlich.

Sie sind von zweierlei Art:

- die fünf innewohnenden Ausstattungen
- die fünf karmischen Bedingungen.

Die fünf innewohnenden Ausstattungen

Man ist geboren:

1. als menschliches Wesen
2. wo Belehrungen vorhanden sind
3. im Vollbesitz aller *fünf Sinne*
4. ohne die *fünf schweren unheilsamen Handlungen* begangen zu haben
5. im Besitz von Vertrauen und Hingabe an die *Drei Juwelen*.

Die fünf karmischen Bedingungen

Man ist geboren:

1. wo ein Buddha erschienen ist
2. wo ein Buddha gelehrt hat
3. wo die Lehren erhalten sind
4. wo es einen hochverwirklichten Lehrer gibt, der die Lehren praktiziert und dem man folgen kann
5. wo günstige Umstände vorhanden sind, um den *Dharma* zu praktizieren.

Um die Lehren praktizieren zu können, benötigen wir zusätzlich **die drei Gewißheiten:**

---

unsere Möglichkeiten und Qualitäten erkennen. Sind nicht alle Qualitäten vorhanden, so ist es schwieriger die entsprechenden Übungen auszuführen und in diesem Leben die Erleuchtung zu erlangen. Man kann jedoch die Ursachen dafür legen, alle Qualitäten zu vervollständigen.

1. Vertrauen in die Wahrheit von *Karma* und in den Zustand der Erleuchtung
2. Vertrauen in den Wunsch, die Erleuchtung zu erlangen
3. Vertrauen in die ursprüngliche Reinheit des Geistes und die Qualitäten der Drei Juwelen.

Man muß über all diese aufgeführten Eigenschaften verfügen, um sich aus *Samsara* zu befreien.

Auf dem Weg zur Erleuchtung gibt es viele Hindernisse. Der menschliche Körper wird als "kostbar" bezeichnet, weil mit diesem Fahrzeug alles Unheilsame vermieden und Heilsames erreicht werden kann. Man kann mit ihm den Ozean des Samsara überqueren und den Pfad der Erleuchtung, der zur vollkommenen Buddhaschaft führt, vollenden. Aus diesem Grund ist der menschliche Körper allen anderen, einschließlich dem der Götter und *Nagas*, überlegen. Er ist in der Tat kostbarer als das *wunscherfüllende Juwel*, denn dieses erfüllt nur samsarische Wünsche, während das menschliche Leben den Wunsch zur Erlangung der Buddhaschaft erfüllen kann.

Da dieser Vorzug nur schwer zu erlangen ist, müssen wir Ethik und Moral achten und die *zehn heilsamen Handlungen* praktizieren. Diese wunderbare Gelegenheit zur Praxis dürfen wir nicht vergeuden, denn sie ist außerordentlich selten. Der Buddha beschrieb folgende Analogie, um die Kostbarkeit dieser Möglichkeit zu demonstrieren: Eine blinde Schildkröte schwimmt im Ozean, auf dem ein hölzerner Ring treibt. Dieser Ring wird von den Wellen in alle Richtungen getrieben, während die Schildkröte nur alle hundert Jahre an die Wasseroberfläche kommt. Die Aussicht, mit einem menschlichen Körper geboren zu werden, ist so groß, wie die, daß sich der Kopf der blinden Schildkröte beim Auftauchen in dem hölzernen Ring befindet!

Hat man dieses Glück erreicht, sollte man darüber erfreut sein und diese Möglichkeit vollständig nutzen, sowohl für sich selbst als auch für andere. Man sollte in der Tat das menschliche Leben wie ein Schiff benutzen, mit dem man den Ozean des Samsara überqueren kann.

Um Erleuchtung zu verwirklichen, benötigen wir **Hingabe und Vertrauen** in die Buddhaschaft. Ohne sie ist es schwierig, spirituelle Qualitäten im Geist zu erlangen. So, wie ein verrotteter Same keine gesunde Pflanze hervorbringen kann, können sich aus schwankender Hingabe auch keine Tugenden entwickeln. Hingabe und Vertrauen bedeuten das Verstehen des Gesetzes von Ursache und Wirkung. Eine positive Ursache bringt Frieden und Glück hervor, eine negative Ursache führt zu Leiden. Störende Gefühle rufen ein unterschiedliches Ausmaß an Leiden hervor, wohingegen die Erleuchtung heilig und kostbar ist, frei von Verwirrung und Qual. Um diesen Zustand zu verwirklichen, benötigen wir Hingabe und Vertrauen zum Buddha, dem Lehrer, der den Weg weist; ebenso zum *Dharma*, als dem Weg selbst, und zur *Sangha*, der Gemeinschaft, die den Erleuchtungsgeist entfaltet und uns als Begleiter auf dem Pfad zur Buddhaschaft hilft. Hingabe und Vertrauen sind wie Wasser für einen Setzling: besitzen wir diese Qualitäten, können wir vielen großen Meistern begegnen und wertvolle Unterweisungen erhalten.

Wenn also ein kostbarer menschlicher Körper mit den acht Freiheiten und den zehn Ausstattungen vorhanden ist und dieses Wesen dazu noch Hingabe und Vertrauen besitzt, dann sind die Grundlagen zur Erlangung der Erleuchtung gelegt.

Es entsteht die Frage, warum wir nicht schon früher erleuchtet wurden, wenn wir doch schon viele Male zuvor als menschliche Wesen geboren wurden und spirituelle Meister getroffen haben? Der Grund liegt darin, daß wir durch falsche Ansichten Anhaftung an dieses Leben, Anhaftung an samsarische Vergnügungen und Trägheit, Anhaftung an unsere eigene Befreiung hatten und die Methoden zur Erlangung der Buddhaschaft nicht verstanden haben. Um diese falschen Ansichten zu beseitigen, gibt es **vier Gegenmittel:**

1. die Kontemplation über die Vergänglichkeit
2. die Kontemplation über das Leiden in Samsara
3. die Kontemplation über Karma
4. die Praxis der Liebe und des Mitgefühls und die Entwicklung von Bodhicitta.

Die Kontemplation über die Vergänglichkeit als ein Mittel gegen die Anhaftung an dieses Leben

Der Buddha hat gesagt:

"Die ganze Welt ist so vergänglich
wie Wolken am Herbsthimmel.
Geburt und Tod
sind wie die Bewegungen eines Tänzers."

Wir sollten über den Tod meditieren, über die immer geringer werdende Zeit, die noch verbleibt, und über die Unvermeidlichkeit von Trennung.

Um über den Tod zu meditieren, denken wir daran, daß der Atem einmal aufhören wird, der Körper sich in eine Leiche verwandelt und das Bewußtsein umherirrt.

Wenn wir über die Kürze des Lebens meditieren, vergegenwärtigen wir uns, daß dieses Leben seit dem vergangenen Jahr kürzer geworden ist, daß es seit dem vergangenen Monat kürzer geworden ist, daß es seit gestern kürzer geworden ist und selbst seit heute morgen ist es kürzer geworden. In der *Bodhicharyavatara* heißt es, daß das Leben täglich kürzer wird und weil es keine Möglichkeit gibt, ihm etwas hinzuzufügen, werden wir mit Sicherheit den Tod erfahren.

Um über die Trennung zu meditieren, bedenken wir, daß wir uns von unseren lieben Freunden und nahen Verwandten zum Zeitpunkt des Todes trennen müssen. Unabhängig davon, wieviel Reichtum wir angehäuft haben oder wie schön unser Körper gewesen sein mag - alles müssen wir zurücklassen.

Eine weitere Art der *Meditation* über die Vergänglichkeit ist, darüber nachzudenken, daß wir mit Gewißheit eines Tages sterben werden, daß wir nicht wissen, wann das sein wird, und daß uns zur Zeit unseres Todes nichts außer der Verwirklichung der Lehren helfen wird.

Es ist sicher, daß jeder, der jemals geboren wurde, auch gestorben ist. Sogar große Meister mit hohen Qualitäten, berühmte oder wohlhabende Leute - alle erfahren den Tod. Es gibt kein Entkommen. Ein Grund für die Gewißheit des Todes ist, daß der Körper aus vielen Elementen zusammengesetzt ist, und daß alle Dinge, die zusammengesetzt sind, auch wieder zerfallen. Das ist das Wesen der Veränderung.

Das Leben schwindet von Augenblick zu Augenblick. Auch das ist ein Grund, daß der Tod gewiß ist. Jeder Moment, der vergeht, bringt uns dem Tod näher. Es ist wie wenn ein Bogenschütze einen Pfeil durch den Raum schießt, bis er sein Ziel erreicht. So, wie der Pfeil nicht einen einzigen Augenblick im Raum verharrt, so bleibt auch das Leben zwischen Geburt und Tod nicht einen Moment stehen. Leben ist wie das Fließen eines Flusses. So, wie der Fluß sein Strömen nicht eine Sekunde unterbricht, so eilt auch das Leben dahin. Es ist in fortwährender Veränderung, doch in seiner Veränderung immer gleich. Unser Leben bewegt sich täglich näher auf den Tod zu, gleich einem Gefangenen, der zur Hinrichtung schreitet.

Unsere Lebensspanne ist nicht vorhersehbar, insbesondere nicht in diesem Weltensystem. Einige Wesen sterben im Mutterleib, einige zum Zeitpunkt der Geburt, einige als Kinder, einige in ihrer Jugend und einige im hohen Alter.

Der Körper an sich hat keinen Wert. Er ist nur etwas Zusammengesetztes, hervorgerufen durch viele Ursachen und Bedingungen. Wenn wir ihn analysieren, finden wir an ihm nichts Beständiges. Allgemein gesagt, kann alles Benennbare zu einem Umstand werden, der den Tod herbeiführt. Wenn schon Speisen, Getränke oder Medikamente unter bestimmten Umständen den Tod verursachen können, so gilt das genauso für alle anderen Dinge. Das Leben ist so unbeständig wie eine Luftblase im Wasser.

Zum Zeitpunkt unseres Todes wird uns unser Wohlstand nicht helfen. Ganz gleich, wieviel wir in unserem Leben angehäuft haben - wir müssen es mit leeren Händen verlassen. Mehr noch, Wohlstand ist sogar schädlich, wenn er Anhaftung und Zorn hervorruft. Wer durch die Anhäufung von Reichtum negatives Karma geschaffen hat, wird die Früchte davon ernten.

Freunde und Verwandte werden uns zum Zeitpunkt des Todes ebensowenig helfen können. Unabhängig davon, wie machtvoll, tüchtig oder wohlhabend sie sein mögen - sie können uns vor dem Tod nicht beschützen.

Auch unser Körper wird uns nicht helfen. Egal wie stark er war und wie gewandt, wie ausdrucksvoll und attraktiv - er kann uns nicht vor dem Tod bewahren. Er ist wie die Sonne, die nicht am Untergehen gehindert werden kann. Nicht nur, daß er uns nicht beschützen kann, er ist sogar noch eine Ursache für weiteres Leiden. Wie oft schafft er uns Schmerzen, Unwohlsein, Hunger, Durst und Angst, angegriffen zu werden! Und indem wir uns vor Gefahr schützen, können wir weiteres negatives Karma schaffen, das noch mehr Leiden bringt.

Wir können auch über die Vergänglichkeit meditieren, indem wir an jene denken, die gestorben sind, wobei wir erkennen, daß auch wir eines Tages selbst in diesem Zustand sein werden. Wenn wir zum Beispiel einen sterbenden Menschen kennen, können wir darüber meditieren, wie stark er war, wie gesund seine Gesichtsfarbe, wie gewandt sein Körper und wie freudevoll sein Gemüt. Und dennoch, verursacht durch eine plötzlich auftretende Krankheit, verliert er all seine Kraft, wird fahl im Gesicht, leidet unter seelischen und körperlichen Schmerzen, ohne daß Medikamente ihm helfen könnten. In dem Bewußtsein, keinen Ausweg zu haben, sammelt er Freunde und Verwandte um sich und verzehrt sein letztes Mahl. Er äußert seinen letzten Willen und hört auf zu atmen. Ganz gleich, wie wichtig er für seine Familie oder seine Nation gewesen sein mag, sein Körper muß weggebracht werden. Einige seiner Verwandten mögen weinen und sich an ihm festklammern, einige mögen ohnmächtig werden vor Kummer - aber er kann nicht zurückkommen. Dann wird sein Körper entweder begraben, verbrannt oder in einen Fluß geworfen. Wir sollten darüber meditieren, daß uns eines Tages das gleiche passieren wird. Wir bleiben nicht davon verschont.

Wenn wir hören, daß jemand tot ist, ob wir ihn nun kennen oder nicht, sollten wir daran denken, daß wir eines Tages ebenso wie dieser Mensch sein werden. Wir sollten auch an die jungen und alten Verstorbenen aus unserer Familie oder aus unserer Stadt denken: Bald werde auch ich gleich ihnen eine bloße Erinnerung sein.

In den *Sutras* heißt es: Es gibt keine Gewißheit darüber, was uns morgen erwartet - das Leben in diesem Körper oder in einem anderen. Deshalb ist es klüger, sich für das nächste Leben anzustrengen, als Pläne für dieses zu machen. Der Buddha hat außerdem gesagt:

"Auf die Geburt folgt der Tod,
auf das Zusammensein folgt die Trennung,
auf den Gewinn folgt der Verlust
und auf den Aufbau folgt die Zerstörung."

Eine nutzbringende Wirkung der Meditation über die Vergänglichkeit ist, daß wir durch das Verständnis der Natur von Aufbau und Zerfall lernen, uns von der Anhaftung an dieses Leben zu lösen. Die Lehren, weit davon entfernt, pessimistisch zu sein, wie manche Leute glauben, führen zu geistigem Frieden, indem sie uns veranlassen, die Anhaftungen an das, was kein dauerhaftes Glück bringen kann, aufzugeben. Sie stützen die Motivation zur Erlangung der Erleuchtung und helfen, von Haß frei zu werden. Durch sie haben wir die Möglichkeit, den Gleichmut des Dharma zu verwirklichen.

Die Kontemplation über das Leiden im Samsara als ein Mittel, die Anhaftung aufzugeben

Wenn man denkt, man kann den Tod akzeptieren, weil man im Menschen- oder Götterbereich wiedergeboren werden könnte, wo man viele Annehmlichkeiten genießen kann, so ist das nichts weiter als bloße Anhaftung an Samsara. Ein Mittel gegen diese Anhaftung ist die Meditation über die negativen Aspekte von Samsara, um seine Wesensart zu verstehen.

Es gibt im allgemeinen **drei Arten des Leidens**:

1. das allesdurchdringende Leiden (die ursprüngliche Ursache allen Leidens: die Vergänglichkeit des nichterleuchteten Körpers);
2. das Leiden der Veränderung (die Vergänglichkeit von Friede und Glück);
3. körperliches und geistiges Leiden (Krankheit, Depression usw.).

Zum Verständnis dieser Leiden können sie folgendermaßen definiert werden:

1. allesdurchdringendes Leiden ist wie das Unbehagen, das durch ein unterschwelliges Geschwür erfahren wird
2. das Leiden der Veränderung ist, als ob man vergiftete Speisen gegessen hat
3. das körperliche und geistige Leiden ist wie der Schmerz durch ein entzündetes Geschwür.

Das allesdurchdringende Leiden verursacht ein Gefühl der Teilnahmslosigkeit; das Leiden der Veränderung verursacht einen irreführenden Eindruck des Wohlbefindens; das körperliche und geistige Leiden ruft Qual hervor.

Die *fünf Skandhas* sind die Ursache des **allesdurchdringenden Leidens**, aber gewöhnliche Menschen nehmen es nicht als Leiden wahr. Es ist, als ob sie, von großem Übel geplagt, kleinere Krankheiten nicht beachten. Edle Wesen jedoch, die in den Pfad eingetreten sind, erkennen dies als Leiden. Das ist so, als ob starke Schmerzen nachlassen und man wieder die kleineren Verletzungen spürt. Allesdurchdringendes Leiden ist wie ein Haar, gewöhnliche Leute sind wie eine Hand, und edle Wesen sind wie Augen. Wenn ein Haar die Hand berührt, entsteht kein unangenehmes Gefühl, aber wenn es sich im Auge befindet, ist es unerträglich.

Die Freuden des Samsara sind letztlich die Ursache für das **Leiden der Veränderung**. In der Karma-Sutra heißt es:

"Das Königreich der Götter und das Königreich der Menschen
sind die Ursache des Leidens."

Ganz gleich, wie hoch man im Samsara aufsteigt, schließlich wird man fallen, denn man ist an vergängliche Freuden, die das Leiden von Hoffnung und Furcht verursachen, von Grund auf verhaftet.

Der Körper, gebildet aus den *fünf Skandhas*, ist die Grundlage von **körperlichen und geistigen Leiden**. Seit dem Moment, in dem wir in ihn eingetreten sind, erfahren wir Leiden, das durch die Empfindung des Schmerzes hervorgerufen wird.

Es gibt **sechs Bereiche des Leidens**:

1. den Höllenbereich
2. den Bereich der Hungrigen Geister
3. den Tierbereich
4. den menschlichen Bereich
5. den Bereich der Halbgötter
6. den Götterbereich.

Das Leiden in den Drei Niederen Bereichen

Die Höllenbereiche

Die Höllenbereiche werden in acht heiße, acht kalte und zwei weitere Bereiche eingeteilt.

Die acht heißen Bereiche in aufsteigender Ordnung sind: Die Hölle der Wiederbelebung, die Hölle der schwarzen Fäden, die Hölle der Zerschmetterung, die Hölle des Heulens, die Hölle des lauten Heulens, die Hölle der Hitze, die Hölle der großen Hitze und die *Avici-Hölle*.

Die acht kalten Bereiche sind: Der Bereich der entzündeten Blasen, der Bereich der gefrorenen Blasen, der Bereich des Zitterns, der Bereich der kalten Klänge (Achu), der Bereich anderer kalter Klänge (Kyihü), der Bereich des Aufbrechens wie eine Utpalablüte, der Bereich des Aufbrechens wie eine Lotusblüte und der Bereich des Aufbrechens wie eine größere Lotusblüte.

Zwei weitere Höllenbereiche sind: Nyitshe (Orte, an denen man so leidet, als wäre man in einer heißen Hölle) und Nyekhor (Bereiche, die sich in der Nähe der heißen Höllenbereiche befinden).

Der Bereich der Hungrigen Geister

Es gibt zwei Arten der Hungrigen Geister: Die erste Art sieht Speisen, die von jemand bewacht werden, der nicht erlaubt, diese zu berühren; oder sie sehen, wie sich Speisen in Abfälle verwandeln, sobald sie diese erblicken; oder sie sehen Speisen und Wasser wie eine Fata Morgana; oder sie können nichts essen oder trinken, weil ihre Mägen so groß wie Täler und ihre Kehlen so dünn wie ein Pferdehaar sind. Die zweite Art erfährt die Nahrung wie Feuer oder Unrat, sobald diese ihre Mägen erreicht.

Im Bereich der hungrigen Geister wird sogar die Sonne im Winter kalt und der Mond im Sommer heiß. Daher werden seine

Einwohner zu lebenden Skeletten. Wie groß ihre Leiden sind wird in einer Geschichte von einem Schüler des Buddha erzählt:

"Während dieser den Bereich der Hungrigen Geister durchwanderte, wurde er von einer Frau gebeten, nach ihrem Mann zu suchen, der vor langer Zeit fortgegangen war, um Nahrung für sie und ihre fünfhundert Kinder zu suchen. Als der Schüler schließlich den Mann fand, sagte dieser ihm, daß er auf seiner ganzen Suche keine Nahrung finden konnte, daß er es aber geschafft hätte, etwas Speichel an sich zu reißen, den ein reiner Mönch auf den Boden gespuckt hatte. Der Mann war so hartnäckig, seinen Schatz inmitten hunderter von Geistern, die sich gierig darauf stürzten, zu behalten, daß er sich die Fingernägel seiner geballten Hand durch den Handrücken drückte."

Der Tierbereich

Es gibt viele Tierarten: Vielfüßler, Vierbeiner und Kriechtiere. Die meisten Tiere leben in den Ozeanen, in den Ebenen oder den Wäldern. Sie leiden unter den Schlägen der Menschen, unter Unfreiheit oder darunter, wegen ihrer Felle, Knochen, Haut, Perlen bzw. ihres Fleisches getötet oder zerstückelt zu werden, sowie darunter, gegenseitig aufgefressen zu werden.

Das Leiden in den Drei Höheren Bereichen

Der menschliche Bereich

Das Leiden im menschlichen Zustand beinhaltet <u>acht Arten des Leidens</u>:

1. Geburt
2. Alter
3. Krankheit
4. Tod
5. Trennung von geliebten Menschen
6. Zusammentreffen mit Feinden
7. Verlangen nach dem, was man nicht bekommen kann
8. Verlust von dem, was man besitzt.

<u>Geburt:</u> Nachdem wir den *Bardo* durchwandert haben, treten wir in einen Mutterleib ein und verbleiben dort ungefähr achtunddreißig Wochen. Innerhalb dieses Prozesses erfahren wir viele Stadien unfaßbaren Leidens, so auch im Augenblick der Geburt, an den sich die meisten Menschen nicht erinnern.

<u>Alter:</u> In der Jugend ist der Körper aufrecht und kräftig. Später wird er gebeugt und kraftlos; die Glieder zittern und das Sitzen und Stehen wird mühsam. Die Haare werden grau oder fallen aus. Die Haut, einst seidig weich, wird dick und faltig, und die Gesichtsfarbe, einst taufrisch wie eine Lotusblüte, verblaßt. Während der Jugendzeit haben wir die Kraft, alles zu unternehmen und sind optimistisch. Später verlieren wir diese Kraft, können nicht arbeiten und werden depressiv. Die einstmals scharfen Sinne werden schwächer, so daß das Sehen und Hören schwieriger wird und der Geschmackssinn nachläßt. Wenn wir jung sind, erwerben wir uns Ansehen, doch im Alter, wenn wir unsere Würde verloren haben, werden wir selbst von Kindern verachtet. Es wird schwierig, unseren Wohlstand zu vermehren oder die Unterstützung anderer zu erbitten. Wir sehnen uns nach Essen und Trinken, das wir uns nicht mehr leisten können. Das Altern ist die schlimmste Krankheit, denn sie kann nicht geheilt

werden. Alle anderen Krankheiten werden durch das Altern verstärkt, wir werden vergeßlich und verwirrt. *Milarepa* sagte:

"Wenn man nicht das Wesen des Nicht-Alterns verwirklicht,
ist das Leiden am Altern unvorstellbar."

Krankheit: Mit zunehmendem Alter gibt es immer mehr Opera-
tionen, Schmerzen und bittere Medizin. Das Verlangen nach un-
gesunden Dingen nimmt zu und wir werden von Ärzten abhängig. Unsere Möglichkeiten durch ärztliche Behandlung und Medizin sind erschöpft und wir fürchten uns vor dem Tod. *Milarepa*
sagte:

"Wenn man nicht das Wesen der Nicht-Krankheit verwirklicht,
ist das Leiden an der Krankheit unvorstellbar."

Tod: Wenn wir vom Herrn des Todes ergriffen werden, sind wir
getrennt von unseren Beschützern und den Objekten der Zuflucht. Wir leiden an Schmerzen, zitternden Gliedern, flachem
Atem, der Ratlosigkeit der Ärzte und der Unfähigkeit, aufrecht
zu sitzen. Wenn der große Übergang in das nächste Leben statt-
findet, treten wir in das dunkle Unbekannte ein und lassen alles
Vertraute, einschließlich unseres Körpers, hinter uns. Nur die
Verwirklichung der kostbaren Lehren kann noch helfen. Alles
andere ist nur eine Illusion, die neues Leiden schafft. Nach dem
letzten Atemzug gehen wir auf ein neues Leben zu, das vom eigenen Karma bestimmt wird.

Trennung von geliebten Menschen: Wenn wir von den Eltern,
Verwandten und Freunden getrennt werden, entsteht tiefer
Schmerz.

Zusammentreffen mit Feinden: Wenn wir auf Feinde treffen, erfahren wir das Leiden des Streites, der Wut und der Unruhe.

Verlangen nach dem, was man nicht bekommen kann: Wir wünschen uns etwas, was wir nicht haben, und ganz gleich, was wir
schon haben, wir sehnen uns nach immer mehr. Daher gibt es
keine geistige Zufriedenheit, und daraus wiederum resultiert weiteres Leiden.

<u>Verlust von dem, was man besitzt:</u> Ständig befürchten wir, daß wir bestohlen werden oder daß das, was wir besitzen, zerstört wird. Dies führt zu weiterer geistiger Ruhelosigkeit.

Zusammengenommen sind dies die grundlegenden Leiden aller Menschen, ob sie nun von hoher oder niederer Geburt, arm oder reich sind.

Der Bereich der Halbgötter

Das Leiden im Bereich der Halbgötter umfaßt Stolz, Eifersucht, Kampf (mit den Göttern) und Tod in der Schlacht.

Der Götterbereich

Das Leiden der Götter beinhaltet Kampf (mit den Halbgöttern), Unzufriedenheit, ganz gleich, wieviel Freuden gewährt werden und eine Wiedergeburt in den niederen Bereichen als Resultat des Aufbrauchens von vorherigem positiven Karma.

Samsara durchdringt alle sechs Bereiche. Aus diesem Grund ruft die Geburt in jedem dieser Bereiche Leiden hervor. Wir alle leben in einem Ozean des Leidens. Indem wir die Realität von Samsara erkennen und die Anhaftung an die sechs Bereiche aufgeben, sind wir in der Lage, einen vom Leiden befreiten Geist zu entwickeln und somit die Erleuchtung zu erreichen.

Die Drei Bereiche

In Samsara gibt es **drei Bereiche:**
1. der Bereich der Begierde
2. der Bereich der Form
3. der Bereich der Formlosigkeit.

Bis jetzt wurde der **Bereich der Begierde** dargestellt, in der das Leben der Wesen in Abhängigkeit von äußeren Phänomenen bzw. als Objekt der *fünf Sinne* erscheint. Im Bereich der Form und im Bereich der Formlosigkeit ist das Leben der Wesen durch innere Freude bedingt.

Im **Bereich der Form** gibt es vier Ebenen der meditativen Verwirklichung. Im Zustand der *Meditation der Geistigen Ruhe* lösen sich alle geistigen Konzepte auf, und man ist innerlich gefestigt und unabhängig von äußeren Phänomenen. Man wird in einem der vier Formbereiche wiedergeboren und besitzt einen physischen Körper.

Im **Bereich der Formlosigkeit** besteht anstelle eines substantiellen physischen Körpers ein feinstofflicher bzw. geistiger Körper. Wenn man praktiziert, wird man von allem konzeptuellen Denken befreit, und der Geist wird ruhiger und feiner als der Geist der Wesen im Formbereich. Solche Wesen können in einen der formlosen Bereiche gelangen. Wenn man im formlosen Bereich wiedergeboren wird, gibt es keine geistige Erregung, nur absolute Stille und Frieden. Doch selbst solch ein Wesen hat sich noch nicht aus Samsara befreit und wird im Bereich des Verlangens wiedergeboren werden, weil seine Unwissenheit und Verwirrung nicht an der Wurzel beseitigt wurden. Um sich von dieser Einschränkung zu befreien, braucht man außerordentliche Weisheit bzw. Einsicht, um die Bedeutung der inneren Soheit erkennen zu können.

Die Kontemplation über Karma als ein Mittel, die Zusammenhänge der Phänomene zu erkennen

Karma ist das Gesetz von Ursache und Wirkung. Sämtliches Leiden in allen Bereichen des Samsara wird durch negatives Karma verursacht. Alle positiven Resultate werden durch tugendhaftes Karma verursacht. Um das zu illustrieren, erzählte der Buddha folgende zwei Geschichten:

"Als der Buddha in Shravasti weilte, lebte dort auch eine arme Brahmanin, die einem buckligen Kind namens Gurchung das Leben schenkte. Da ihre Milch schnell versiegte, wurde Gurchung nur unzureichend durch die Milch von Büffeln und anderen Tieren am Leben erhalten. Als er das Jünglingsalter erreichte, sagte sein Vater zu ihm: 'Mein Sohn, wir halten uns durch Betteln am Leben, deshalb mußt du nun für dich selber sorgen.' Seit dieser Zeit erhielt Gurchung nur noch das für das Überleben Notwendigste. Als er den Buddha traf, bat er darum, als Mönch ordiniert zu werden. In den Tagen nach seiner Ordination verköstigten ihn die anderen Mönche, aber auch sie erklärten ihm bald, daß er für seine Nahrung selbst verantwortlich ist. Und so gelang es Gurchung wiederum kaum, für sein Überleben zu sorgen.

Selbst wenn er in der Gemeinschaft der anderen Mönche bettelte, ereilte ihn ständig ein Mißgeschick. Entweder waren nicht genügend Speisen übrig, wenn er an der Reihe war, seine Bettelschale hinzuhalten, oder, wenn er der erste in der Reihe war, verdarben die Speisen, die für die anderen Mönche bestimmt waren, so daß sie hungern mußten. Um das zu ändern, gab der Buddha die Anweisung, daß Gurchung von jetzt an als letzter in der Reihe der Mönche Speisen empfangen sollte.

Eines Tages trug der Buddha Gurchung auf, den Tempel zu reinigen, und dabei entdeckte dieser Speisen in großer

Menge. Dadurch kehrte seine Kraft zurück, und er intensivierte seine Praxis mit dem Ergebnis, daß er die *Arhat*schaft verwirklichte. Als er jedoch wieder in den Tempel zurückkehrte, stellte er fest, daß diesen bereits jemand gesäubert hatte, und so mußte er erneut um Almosen betteln.

Am ersten Tag lud eine wohlhabende Familie den Buddha und sein Gefolge zu einem Mahl ein, aber als Gurchung erschien, war bereits das gesamte Essen verspeist. Wieder mußte er hungrig zurückkehren. Am Tag darauf brachte Ananda, einer der Hauptschüler Buddhas, zwei Bettelschalen, eine für sich und eine für Gurchung. Nachdem er seine Schale geleert hatte, machte er sich auf, um Gurchung die Speisen zu bringen, die er für ihn gesammelt hatte. Er wurde jedoch von Hunden angegriffen, die das ganze Essen auffraßen. Am nächsten Tag kündigte Ananda an, daß alle Opferspeisen, die die Mönche erhielten, an diesem Tage Gurchung gegeben werden sollten. Aber die Leute, die normalerweise die Speisen gaben, waren an diesem Tage dazu nicht in der Lage, so daß Gurchung einen weiteren Tag hungern mußte.

Am nächsten Tag brachte Maudgalyayana, ein anderer Schüler des Buddha, eine zusätzliche Bettelschale für Gurchung mit, stolperte jedoch unterwegs über einen Stein und verschüttete den Inhalt, der von den Kühen gefressen wurde. Am folgenden Tag füllte Shariputra zwei Schalen, aber unterwegs begegnete er Geistern, die durch ihre Wunderkräfte die Speisen verschwinden ließen. Am Tag darauf brachte Shariputra Gurchung wieder etwas zu essen mit, aber jeder Löffel voll, den Gurchung an den Mund hob, verschwand. Als Shariputra danach versuchte, Gurchung mit der Hand zu füttern, verschloß sich sein Mund. Trotz seiner Wunderkräfte hatte Shariputra keinen Erfolg, Gurchung zu füttern, dessen Mund sich erst wieder nach der Mahlzeit öffnete. Shariputra fragte nun Gurchung: 'Welches ist das unerträglichste deiner körperlichen Leiden?' und Gurchung antwortete: 'Ich bin so

durstig, gib mir bitte Wasser.' Als Gurchung die Schale an
seine Lippen hob, füllte ein karmischer Geist diese mit
Asche. Indem er trank, erlangte Gurchung wunderbare
Kräfte und erhob sich in die Lüfte. Nachdem dies geschah,
schied er dahin."

Als der Buddha gefragt wurde, warum Gurchung, der die Arhatschaft erlangt hatte, auf diese Weise sterben mußte, antwortete
der Buddha:

"Vor vielen *Kalpas* lebte eine wohlhabende Familie, die
Almosen an Brahmanen und Arme verteilte. Als der Vater
starb, behielt die Mutter diese Freigebigkeit bei, jedoch ihr
Sohn war dagegen, denn er meinte, wenn die Mutter diese
Praxis beibehielte, wäre ihr Reichtum bald aufgebraucht.
Der Sohn flehte seine Mutter an, mit der Freigebigkeit
aufzuhören, aber seine Mutter weigerte sich, ihn anzuhö-
ren.

Als der Sohn schließlich heiratete, sperrte er seine Mutter
in einen Raum ein, ohne ihr zu Essen zu geben. Die Mutter bat inständig um ihre Freilassung und versprach, das
Haus zu verlassen. Der Sohn jedoch befürchtete, daß sie
das verbliebene Familienvermögen mit sich nehmen
würde, wenn sie fortging. Er ließ seine Mutter sieben Tage
lang ohne Nahrung eingesperrt, bis Verwandte in Folge
von Gerüchten kamen, um nachzuschauen. Sie fanden die
Frau nahezu tot auf. Als diese ihren Sohn um Wasser bat,
gab er ihr ein Glas Wasser, das mit Asche verunreinigt
war. Nachdem die Mutter das verdorbene Wasser getrun-
ken hatte, starb sie."

Der Buddha erklärte darauf, daß Gurchung in einem früheren
Leben dieser rücksichtslose Sohn gewesen sei. Er wurde danach
in der Hölle wiedergeboren und verblieb dort für Tausende von
Jahren. Als er schließlich in höheren Bereichen wiedergeboren
wurde, litt er ständig unter Hunger und starb, nachdem er mit
Asche versetztes Wasser trank. Selbst nachdem er die Arhatschaft
erlangt hatte, mußte er die negativen Folgen seiner früheren
Handlungen akzeptieren.

Um zu zeigen, daß die Früchte positiver Handlungen ebenso unausweichlich reifen, erzählte der Buddha anschließend diese Geschichte:

"Zu Buddhas Lebzeiten wurde einer einfachen Familie eine Tochter geboren. Sie war außergewöhnlich, sowohl wegen ihrer Schönheit, als auch aufgrund der Tatsache, daß sie in ein weißes Baumwolltuch gehüllt zur Welt kam. Als sie heranwuchs, wuchs das Tuch mit ihr. Als sie ins heiratsfähige Alter kam, drückte sie den Wunsch aus, dem Leben in Samsara zu entsagen. Ihre Eltern boten ihr an, ihr die Gewänder einer Nonne zu schneidern, doch sie sagte ihnen, daß sie dankbar wäre, wenn sie ihr bei der Suche nach Buddha *Shakyamuni* helfen würden. Als sie ihm schließlich begegnete, bat sie ihn, in das Nonnenkloster aufgenommen zu werden. Der Buddha hieß sie willkommen, und im gleichen Augenblick verlor sie ihr Haar, und ihr weißes Tuch verwandelte sich in die fünf traditionellen Gewänder einer Nonne. Durch ihre stetige Praxis erlangte sie nach kurzer Zeit die Arhatschaft."

Ananda, der persönliche Begleiter Buddhas, fragte, welcher Art die früheren Verdienste seien, die es der Frau erlaubten, in diesem Leben jenen Zustand zu erreichen. Der Buddha antwortete:

"In einem früheren Leben erschien Buddha Soekyab in dieser samsarischen Welt, und alle menschlichen Wesen erwiesen ihm großen Respekt. Zu dieser Zeit wanderte ein Mönch von Stadt zu Stadt, um die Menschen zu bestärken, dem Buddha Opfergaben darzubringen. Eine sehr arme Frau mit dem Namen Danaka, die mit ihrem Mann in einer Hütte lebte, besaß nur ein Baumwolltuch, das sie mit ihrem Mann teilte. Wenn einer von ihnen vor die Hütte trat, trug er das Tuch, während der andere nackt in der Hütte zurückblieb.

Eines Tages traf Danaka den Wandermönch, der sie über die großen Verdienste einer Opferung belehrte. Danaka bat den Mönch, einige Minuten zu warten. Sie kehrte zu ihrer Hütte zurück und sagte zu ihrem Mann: 'Wegen unseres früheren Mangels an Freigebigkeit wurden wir in dieses arme Leben hineingeboren. Wenn wir in diesem Leben keine Freigebigkeit üben, werden wir das gleiche Schicksal im nächsten erleiden. Gib mir bitte die Erlaubnis, eine Opferung darzubringen.' Der Ehemann stimmte erfreut zu, und Danaka winkte dem Mönch, an die Schwelle ihrer Hütte zu kommen. Der sagte: 'Gib, was du geben kannst, und ich werde für diese Gabe Gebete sprechen.' Danaka erwiderte: 'Ich habe nur das, was ich auf dem Leib trage.' Sie trat in die Hütte, entkleidete sich und reichte dem Mönch das Tuch mit dem Wissen heraus, daß sie nun keine andere Wahl mehr hatte, als in der Hütte auf den Tod zu warten.

Der Mönch übergab das Opfer dem Buddha, der vor einer Versammlung von Königlichen eine Rede hielt. Nach der Ankunft des Mönches fragte der Buddha sogleich: 'Wer hat dieses Tuch geopfert?', und er nahm das Tuch in die Hand. Die Könige deuteten das Verhalten des Buddha falsch und glaubten, er sei so materialistisch geworden, daß er sogar ein zerrissenes Tuch entgegennehmen wolle.

Der Buddha jedoch las ihre Gedanken und erwiderte: 'Das Opfern dieses Tuches ist vollkommener als jede eurer Opferungen.' Dann enthüllte er die Einzelheiten dieser Opferung. Ein königliches Paar zog augenblicklich seine prächtigen Kleider aus und sandte sie zusammen mit seinem Schmuck an das arme Paar, so daß es an der Versammlung teilnehmen konnte. Der Buddha gab daraufhin zahlreiche Unterweisungen, die viele aus Samsara befreiten."

Buddha Shakyamuni schloß dann diese Geschichte ab, indem er erklärte:

"Die arme Frau Danaka war die frühere Inkarnation dieser weißgekleideten *Bhikshuni*. Durch die Opferung, verbunden mit einer reinen Motivation, wurde Danaka mit dem weißen Tuch in einundneunzig *Kalpas* wiedergeboren, und sie litt nie wieder unter Armut. Durch die Verdienste, die sie erlangte, indem sie meine Lehren hörte, und durch das Streben nach der Befreiung vom Leiden im Samsara, hat die junge Bhikshuni nun die Arhatschaft verwirklicht."

Karma wird durch all die Verschiedenartigkeiten des Samsara verursacht, heißt es im *Abhidharmakosha*. Insbesondere wird es durch die zehn heilsamen und die zehn unheilsamen Handlungen in Bewegung gesetzt.

Die zehn unheilsamen Handlungen:

Die drei unheilsame Handlungen des Körpers sind:

Töten
  - aus Gründen der Genugtuung, um Wohlstand zu erlangen oder um sich zu ernähren
  - als ein Akt des Hasses, aus Ärger oder durch Töten eines Feindes
  - aus Unwissenheit oder als Opferung

Stehlen
  - mit Gewalt
  - heimlich
  - indem man ein verunreinigtes Produkt als ein reines ausgibt

Sexuelles Fehlverhalten
Sexuelle Beziehungen mit:
  - Mutter, Vater, Schwester oder Bruder
  - einer verheirateten Person
  - einem Mönch oder einer Nonne

Die vier unheilsamen Handlungen der Rede sind:

Lügen
  - durch die falsche Behauptung, man hätte Visionen gehabt
  - durch Versprechen, die man nicht einzuhalten gedenkt
  - ohne besonderen Grund

Verletzende Rede
- nachdrückliches Entzweien anderer
- höfliches Entzweien anderer
- Entzweien der *Sangha*

Grobe Rede
- nachdrückliche Verurteilung der Fehler anderer
- höfliche Verurteilung anderer
- grobe Worte

Sinnlose Rede
- Sprechen unheilsamer *Mantras*
- Erzählen nutzloser Geschichten (Geschwätz)
- Belehrungen jenen erteilen, die ungeeignete Gefäße sind

Die drei unheilsamen Handlungen des Geistes sind:

Begierde
- Anhaftung an den eigenen Körper, eigene Qualitäten und an Wohlstand
- Neid gegenüber dem Wohlstand und Besitz anderer
- Anhaftung an das, was weder anderen noch einem selbst gehört (Land, Ort usw.)

Negative Absichten (Zerstörungswunsch)
- entstanden aus Haß
- entstanden aus Neid und Konkurrenzdenken
- entstanden aus Ärger

Falsche Anschauung (Unwissenheit)
- die Auffassung, daß positives Karma nicht zu Glück führt und negatives Karma nicht zum Leiden
- nicht an die Wahrheit des Pfades glauben und dadurch nicht die Wahrheit des Resultats erkennen
- die Auffassung, daß Buddha, Dharma und *Sangha* nicht existieren

Werden alle zehn aufgeführten Handlungen wiederholt verübt, wird man in einem Höllenbereich wiedergeboren. Werden sie gelegentlich verübt, wird man als Hungriger Geist wiedergeboren. Werden sie selten verübt, wird man als Tier wiedergeboren.

Will man das oben Aufgeführte anders verdeutlichen, kann man sagen, daß jemand, wenn er aus Haß handelt, in einem Höllenbereich wiedergeboren wird; handelt er aus Begierde, wird er im Bereich der Hungrigen Geister wiedergeboren; handelt er aus Unwissenheit, wird er als Tier wiedergeboren.

Man kann außerdem sagen, daß jemand, der eine negative Handlung gegenüber einem erleuchteten Wesen begeht, in der Hölle wiedergeboren wird; begeht er negative Handlungen gegenüber seinen Eltern oder anderen wichtigen Personen, wird er im Bereich der Hungrigen Geister wiedergeboren; und begeht jemand negative Handlungen gegenüber gewöhnlichen fühlenden Wesen, wird er als Tier wiedergeboren.

Die grundlegenden Ursachen unheilsamer Handlungen sind Unwissenheit, Begierde und Haß. Daher ist es wichtig, diese störenden Gefühle zu beseitigen.

Die Selbstzuschreibung von Karma

Die Folgen einer Handlung werden immer von dem geerntet, der den Samen dieser Handlung gelegt hat und von niemandem sonst. Wäre das nicht der Fall, würde es bedeuten, daß unsere Handlungen keine Konsequenzen zur Folge hätten, oder daß wir Leidtragende negativer Handlungen wären, die wir gar nicht begangen haben. Keines davon ist richtig.

Die folgerichtige Wirkung von Karma

Positive und negative Handlungen werden unausweichlich positive bzw. negative Wirkungen hervorbringen. So wird beispielsweise ein giftiger Samen Gift produzieren und ein heilkräftiger Samen Medizin.

Unbedeutendes Karma bewirkt ein beträchtliches Resultat

So wie ein kleines Samenkorn einen großen Baum und viele Früchte hervorbringen kann, so kann auch eine unbedeutende Handlung (positiv oder negativ) bedeutende Konsequenzen haben.

Die Unausweichlichkeit von Karma

Solange das Karma nicht durch ein Gegenmittel aufgelöst, bzw.
gereinigt ist, kann es in Tausenden von Kalpas unverändert bestehen bleiben, bis bestimmte Bedingungen es schließlich veranlassen, seine unausweichliche Wirkung hervorzubringen. In den
Sutras sagt der Buddha:

> "Feuer mag kalt werden,
> Wind mag mit einem Lasso eingefangen werden,
> Sonne und Mond mögen zur Erde fallen,
> aber das Resultat von Karma ist unausweichlich."

Um zu beweisen, daß man den Wirkungen seiner Handlungen
nicht entfliehen kann, erzählte er die folgende Geschichte:

"Es lebte einst ein König, der hieß Pawajin. Dieser nannte
84.000 Königinnen, 1.000 Prinzen und 500 Prinzessinnen
sein eigen. Zu dieser Zeit meditierte und lehrte der *Bodhisattva* Metok Dadze in einem tiefen Wald. Eines Tages
verkündete dieser mit tiefer Einsicht und großer Achtsamkeit, daß die Zeit für ihn gekommen sei, von Stadt zu
Stadt zu reisen, um Unterweisungen zum Wohle aller fühlenden Wesen zu erteilen. Doch die anderen Bodhisattvas
warnten ihn: '*Lama* Metok Dadze, deine körperliche und
spirituelle Schönheit wird den Neid der Könige heraufbe-
schwören, und du wirst dich in ernsthafte Gefahr bege-
ben.' Er erwiderte: 'Wenn ich nur an meine eigene Sicherheit denke, kann ich die Lehren der Buddhas der *Drei Zeiten* nicht bewahren. Alle Buddhas verwirklichten die Erleuchtung durch außerordentliche Handlungen, in denen
sie den Schutz ihres Selbst aufgaben. Man kann die Lehren
nur dann bewahren, wenn man der Verhaftung an Form,
Klang, Geschmack, Geruch und Berührung entsagt. Die
Verdienste, die entstehen, wenn man ein einziges Gelübde
zu einer Zeit, in der der Dharma seinem Ende zugeht, täglich vierundzwanzig Stunden lang entschlossen einhält,
übersteigen bei weitem die Verdienste eines hingebungs-
vollen Wesens, das in Kalpas, so zahllos wie die Sandkör-

ner des Ganges, den Millionen von Buddhas Speisen, Getränke, den *kostbaren Schirm* und Lichter als Opferung darbringt.'

Lama Metok Dadze bereiste viele Städte, und durch seine Lehren erlangten 90 Millionen fühlende Wesen die höchste Erleuchtung. Dann begab er sich zum Palast von König Pawajin, an dem er sieben Tage Belehrungen gab und fastete. Am siebten Tag erlangten 1.086 Königinnen unmittelbar den unumkehrbaren Zustand der Erleuchtung, nachdem sie nur einen Blick auf den Mönch geworfen hatten. Außerdem versammelten sich junge Mädchen, um Opfergaben darzubringen und Belehrungen zu erhalten.

König Pawajin glaubte, geblendet durch seine Eifersucht gegenüber der wundervollen Gestalt des *Bhikshu*, daß der Lama seine Untertanen irreleiten wolle. Er befahl deshalb seinen eintausend Prinzen, Lama Metok Dadze zu töten, doch sie weigerten sich. Schließlich willigte Gache, der Metzger des Königs, ein, die Tat auszuführen. Der König befahl Gache, dem Lama Hände, Füße, Ohren und Nase mit einem scharfen Schwert abzuschneiden, sowie ihm die Augen auszustechen, daß er nie wieder die Gefährtinnen des Königs mit Verlangen anschauen möge.

Als der Befehl ausgeführt wurde, breiteten sich hunderttausende von Lichtstrahlen vom Körper des Mönches in alle zehn Richtungen aus und kehrten wieder zu ihm zurück. Milch anstatt Blut floß aus seinen Adern, und aus den abgetrennten Gliedmaßen erschienen die *acht glückverheißenden Zeichen* und die *zweiunddreißig besonderen Merkmale*. Als sie dies Geschehen sahen, ahnten der König und sein Gefolge Schlimmes. Als sie nach sieben Tagen an den Ort des Geschehens zurückkehrten, stellten sie fest, daß sich der Körper des Mönches nicht verfärbt hatte. Daraus schlossen sie, daß Lama Metok Dadze ein ganz außergewöhnlicher Bodhisattva gewesen sein mußte, der den unumkehrbaren Zustand der Erleuchtung erlangt hatte.

König Pawajin schrie auf: 'Ich habe ein sehr negatives Karma angehäuft, ich werde in der Hölle wiedergeboren werden.' Augenblicklich erschienen achttausend Götter am Himmel und bestätigten die Befürchtungen des Königs. Von Reue erfüllt sprach König Pawajin: 'Höre, Bodhisattva Metok Dadze, bitte erwache einem Vollmond gleich. Lehrer, frei von Aggression und Zorn, bitte erwache einer strahlenden Sonne gleich. Du hast dich für lange Zeit in Geduld geübt, wo ist dein großes Mitgefühl, wo deine Beharrlichkeit? Erwache und sage etwas, du Großer Liebender und Gütiger.'

Nachdem dies gesagt war, legte König Pawajin den Leichnam des Lamas in einen Sarg und salbte ihn mit Arzneien, Sandelholz, Wachholder und Weihrauch. Der Leichnam wurde verbrannt, und auf den Überresten wurde eine Stupa errichtet. König Pawajin brachte in fünfundneunzig Millionen Jahren täglich Opferungen dar und verrichtete eine Reinigungspraxis mit Hilfe der vier Kräfte. Dies sind: die Kraft der Reue; die Kraft, positive Handlungen als Mittel gegen negative auszuüben; die Kraft, von negativen Handlungen Abstand zu nehmen; die Kraft des Vertrauens. Nachdem der König starb, wurde er in der Hölle wiedergeboren und erlitt unzählige Qualen. Nach einer Million Kalpas wurden seine Augen ausgehöhlt und seine Hände und Beine abgetrennt. So zeigt das Schicksal König Pawajins die Unausweichlichkeit von Karma."

Buddha Shakyamuni beendete die Geschichte, indem er seinem Begleiter Ananda erklärte, daß er in einem früheren Leben der König Pawajin war, und daß Lama Metok Dadze später als Buddha Padme Lama, der früheren Inkarnation des unvergleichlichen Gampopa, wiedergeboren wurde.

Es ist daher wichtig, das Gesetz von Karma zu verstehen, auf die Ursachen zu achten und zu versuchen, diese auszuschalten anstatt die Wirkungen zu bekämpfen.

Die zehn heilsamen Handlungen

Wenn wir den zehn unheilsamen Handlungen entsagen, üben wir statt dessen die zehn heilsamen Handlungen aus. Um in den Pfad einzutreten, übt man die zehn heilsamen Handlungen.

Die drei heilsamen Handlungen des Körpers sind:
- Leben schützen
- großzügiges Geben
- Einhalten von ethischem Verhalten

Die vier heilsamen Handlungen der Rede sind:
- die Wahrheit sprechen
- in der Vermittlung zerstrittener Parteien ausgleichend sprechen
- liebevoll und friedvoll sprechen
- sinnvoll sprechen

Die drei unheilsamen Handlungen des Geistes sind:
- Verehrung, Zufriedenheit und Bescheidenheit üben
- hilfsbereit, liebend und mitfühlend werden
- die rechten Sichtweise (Vertrauen in Karma) entwickeln

Die grundlegenden Ursachen für alle heilsamen Handlungen sind das Aufgeben von Unwissenheit, Begierde und Haß. Deshalb ist es wichtig, die Qualitäten des Geistes zu vermehren, um Glück für sich und andere zu erlangen.

Jemand, der die zehn heilsamen Handlungen praktiziert, wird als Mensch oder im Götterbereich wiedergeboren. Derjenige, der sie alle praktiziert und dazu noch dem Samsara entsagt, erreicht die *Arhat*schaft. Derjenige, der all das praktiziert und außerdem noch *Bodhicitta* entwickelt, erlangt die Buddhaschaft.

Die Wesen werden in **drei Arten** unterteilt:
- Wesen mit geringen geistigen Fähigkeiten: sie arbeiten nur für die Freuden des Samsara.
- Wesen mit mittleren geistigen Fähigkeiten: sie arbeiten für ihr individuelles Wachstum und entsagen dem Samsara.
- Wesen mit größeren geistigen Fähigkeiten: sie entsagen dem Samsara und entwickeln Bodhicitta für alle fühlenden Wesen.

Die Praxis des Mahayana

Die Praxis von Liebe und Mitgefühl als ein Mittel gegen eigennütziges Denken

Wenn wir große Liebe zu allen fühlenden Wesen entwickelt haben, entstehen grenzenlose heilsame Wirkungen, denn eine derartige Liebe ist wie eine Opferung an alle Buddhas. Alle anderen Wesen fühlen sich zu uns hingezogen und wollen uns beschützen. Dieser Zustand bewirkt Frieden und Glück für uns selbst und wird der gesamten Umgebung nutzen. Wir werden weder unter Waffen noch unter Gift zu leiden haben, unsere Wünsche erfüllen sich mühelos, und wir werden in höheren Bereichen wiedergeboren.

Indem man Liebe entwickelt, ist man nicht dem eigenen Frieden und Glück verhaftet, sondern denkt vielmehr nur an andere. Liebe ist der geistige Zustand, in dem man sich wünscht, daß alle fühlenden Wesen Glück und die Ursachen von Glück erfahren mögen. Das Ziel jeglicher Bemühungen ist das Wohlergehen aller ohne Ausnahme.

In diesem Zusammenhang erzählte der Buddha eine Geschichte, wie Liebe sogar äußerst negatives Karma aufheben kann:

"Im alten Varanasi praktizierte der König Champetop (die Kraft der Liebe) Liebe und Mitgefühl zu allen fühlenden Wesen. Zu jener Zeit traf ein Geist mit dem Namen *Vaishravana* mit seinem Gefolge in Varanasi ein, doch niemand hieß ihn durch die Opferung mit dem traditionellen Torma (rituelle Speisen und Getränke) willkommen. Da-

rüber wurde er sehr wütend und sein Zorn drückte sich in
einer ausgedehnten Landplage aus, bei der Tausende ums
Leben kamen. Zutiefst über das Leiden des Volkes be-
trübt, meditierten König Champetop und sein Gefolge
über Liebe und Mitgefühl. Durch die Macht dieser Verdienste hörte die Plage auf.

Eines Tages, als der König durch einen Garten wanderte,
begegnete er Vaishravana mit seinem Gefolge, die als
Brahmanen verkleidet waren. Einer aus der Gruppe, der
ihr Sprecher war, bat um Nahrung und erklärte, daß sie
viele Tage nichts gegessen hätten. Der König befahl seinen
Begleitern, frisch zubereitete Speisen zu bringen, aber der
Sprecher erklärt, sie könnten nur rohes Fleisch essen. König Champetop wurde nachdenklich und überlegte, ob es
recht wäre, andere Wesen für den eigenen Verzehr zu töten. Er löste diese Frage, indem er den Metzger des Königreiches bat, ihm die Venen zu öffnen und sein Fleisch als
eine Opfergabe an die Brahmanen herauszuschneiden. Als
der Metzger sich weigerte, das seinem König anzutun, tat
es der König selbst und übergab das Opfer den Brahmanen. Als sie sich dadurch zufrieden zeigten, gab der König
eine Unterweisung über die Kostbarkeit allen Lebens und
die Notwendigkeit, sich der Schädigung anderer zu enthalten. Zudem weihte er Vaishravana in die fünf Grundlagen
der Disziplin ein. Diese sind: kein fühlendes Wesen zu töten; nicht die Unwahrheit zu sprechen; nichts zu nehmen,
was anderen gehört; kein sexuelles Fehlverhalten zu begehen; keine alkoholischen Getränke zu sich zu nehmen. Er
schloß seine Belehrungen mit dem Gebet zur Widmung
der Verdienste ab und wandte sich dann an seine Schüler:
'Alle Handlungen König Champetop's sind dazu bestimmt, den fühlenden Wesen zu helfen. Indem ihr seinem
Beispiel von Liebe und Güte folgt und an den fünf Prinzi-
pien der Disziplin festhaltet, könnt ihr den Zustand der
Erleuchtung erreichen.' "

Der Buddha beendete seine Erzählung, indem er der Versammlung erklärte, daß er in einem früheren Leben König Champetop

war, und seine fünf Asketenschüler waren in einem früheren Leben Vaishravana mit seinen Gefolgsleuten.

Bevor wir **Liebe** zu allen fühlenden Wesen entwickeln, müssen wir zuerst über die Liebe nachdenken, die unsere Mütter im Laufe vieler Jahre für uns gehabt haben. Als wir geboren wurden, waren wir wie ein kleines Insekt, unfähig, irgend etwas zu tun. Danach gab uns unsere Mutter zu essen und zu trinken. Sie opferte sich auf, um uns Kleidung und Unterkunft zu geben und versuchte, uns auch sonst zu erfreuen. Selbst, wenn es ihr an geeigneten Mitteln mangelte, versuchte sie, uns alles zu geben, was wir brauchten. Alles, was sie für ihr Kind benötigte, erlangte sie durch schwere Arbeit. Unsere Mutter beschützte uns außerdem vor Feuer, Wasser, Stürzen und anderen Gefahren. Sie sorgte sich über unsere Gesundheit und unser Wohlergehen. Wir wußten nichts, als wir geboren wurden, doch unsere Mutter lehrte uns sprechen, freute sich selbst über unsere ersten unsicheren Worte und Schritte, überwachte unsere Erziehung und hoffte, sie könnte uns zum Besten von allen machen.

Wenn ein Freund uns ein wenig behilflich ist oder uns eine Tasse Tee anbietet, sind wir sehr dankbar. Deshalb sollten wir einmal darüber nach, wieviel mehr an Dankbarkeit wir unserer Mutter, die so viel für uns getan hat, entgegenbringen sollten.

Als nächstes müssen wir über die Tatsache meditieren, daß wir in unzähligen Leben immer wiedergeboren wurden. Daher sind alle fühlenden Wesen irgendwann einmal unsere Mütter gewesen. Deshalb vergegenwärtigen wir uns, daß alle Wesen gütig zu uns gewesen sind. Diese Güte können wir zurückgeben, indem wir Liebe praktizieren und allen Glück und die Ursachen von Glück wünschen. Die Liebe, die wir für unsere Mutter empfinden, dehnen wir auf unsere Verwandten, unsere Freunde, unsere Landsleute und schließlich auf jedermann aus, einschließlich derer, die wir als unsere Feinde betrachten.

Kyobpa Jigten Sumgön sagte:

"Wenn man nicht liebevoll über seine Mutter denken kann,
soll man an einen lieben Freund denken
und dieses Gefühl von dort ausdehnen."

Mitgefühl ist der Wunsch, alle fühlenden Wesen mögen frei sein
vom Leiden und den Ursachen des Leidens. Wenn unsere Mutter
oder ein enger Freund einer Krise erleben, ist es unsere Aufgabe,
ihnen zu helfen. Selbst, wenn unsere Mutter verrückt ist, versuchen wir, ihr zu helfen. In der gleichen Weise müssen wir allen
fühlenden Wesen, die durch die *drei Geistesgifte* verblendet sind,
helfen und versuchen, ihre Sichtweise zu ändern.

Wenn jemand großes Mitgefühl zu allen Wesen entwickelt hat,
wird er die Qualitäten eines Buddha erlangen, wie es der Buddha
in folgender Geschichte erläuterte:

"In Varanasi wurde ein Kind geboren, dessen Vater als
Kapitän auf einer seiner Seereisen, die er wegen der Suche
nach kostbaren Edelsteinen unternahm, umkam. Seine
Mutter erzählte ihm nie die Wahrheit über den Beruf des
Vaters, denn sie fürchtete, daß er dann ebenfalls zur See
gehen wolle und ertrinken könnte. Der Junge war gegenüber der Mutter sehr ehrerbietig, doch eines Tages erfuhr
er die Wahrheit und erklärte ihr, gleichfalls zur See gehen
zu wollen. Ihn an den Füßen festhaltend, flehte die Mutter
den jungen Mann tränenerfüllt an, sie nicht zu verlassen.
Doch dieser wurde nur wütend, trat sie vor den Kopf und
ging. Seine Mutter betete, daß er nicht unter dem negativen Karma, ihr Unrecht getan zu haben, leiden möge.

Während einer Seereise wurde das Schiff des Sohnes durch
Krokodile zerstört, doch er schaffte es, an Land zu
schwimmen, wo er von wunderschönen Göttinnen empfangen wurde, die ihm Speisen und Getränke reichten und
ihn mit prächtigen Gewändern und Reichtum beschenk-
ten. Wohin er sich auch wandte, begegnete er weiteren
Göttinnen, die ihn mit noch verschwenderischerer Gast-
lichkeit verwöhnten.

Schließlich erreichte er die 'Eisenstadt', doch als er sie betrat, verschlossen sich hinter ihm die Stadttore. Er passierte verschiedene andere Tore, und schließlich erblickte er vor sich ein furchterregendes Bild: Er sah ein riesiges Geschöpf mit einem sich drehenden Eisenrad auf dem Scheitel. Diese Kreatur ernährte sich von dem Eiter, der von ihrem Haupt herabfloß. Zao Bumo (das war der Name des jungen Mannes) fragte nach dem Grund des augenscheinlichen Elends dieses gewaltigen Wesens. Die Kreatur antwortete: 'Dies geschieht, weil ich meiner Mutter Leid zugefügt habe.' Auf der Stelle wurde Zao Bumo klar, daß das Schicksal ihn zu der Eisenstadt geführt hatte und er gleichfalls seiner Mutter Leid zugefügt hatte, indem er sie trat.

Vom Himmel erscholl eine Stimme: 'Befreie den, der gefesselt ist und fessele den, der frei ist.' Augenblicklich wurde das Geschöpf von dem Eisenrad befreit, während Zao Bumo nun die schrecklichen Qualen eines sich drehenden Eisenrades auf seinem Scheitel ertragen mußte. Er fragte: 'Wie lange wird sich dieses Rad auf meinem Kopfe drehen?' Und die Stimme vom Himmel erwiderte, daß das Rad sechzigtausend Jahre auf seinem Haupt verankert bliebe. Zao Bumo fragte weiterhin, ob auch andere Wesen das gleiche Schicksal erleiden würden, und die Antwort lautete, daß jeder, der seiner Mutter Unrecht zugefügt hat, ähnliches Leid erfahren würde.

Durch sein Leiden verwirklichte Zao Bumo großes Mitgefühl für andere fühlende Wesen. Er verkündete: 'Ich will die Leiden des drehenden Rades für alle auf mich nehmen, die mit mir das gleiche Karma teilen.' Auf der Stelle wurde Zao Bumo erlöst, indem sich das Rad in die Lüfte bis in Höhe eines Talabaumes (Palme) erhob. Er starb und wurde in *Tushita* wiedergeboren."

Dann legte der Buddha dar, daß er selbst in einem früheren Leben Zao Bumo gewesen war. Dadurch, daß er seiner Mutter seinen Lohn gab (was er getan hatte, bevor er ihre Täuschung erkannte) erfuhr er Freude, und weil er sie trat, erfuhr er Leiden. Doch durch die Entwicklung von Mitgefühl wurde er vom Leiden befreit. Das lebenslange Üben von Mitgefühl ist ein geschicktes Mittel in der Praxis der Bodhisattvas.

Liebe und Mitgefühl
sind die Essenz der Weisheit des Buddha.
Sie sind der Nektar, der alles in die Arznei verwandelt,
durch die die Krankheiten des Geistes geheilt werden.
Sie sind das Licht der Weisheit,
das die Dunkelheit der Unwissenheit vertreibt.

Bodhicitta als Mittel gegen das Unverständnis darüber, wie man Erleuchtung erlangt

Zuflucht

Bevor wir Bodhicitta entwickeln, müssen wir zuerst das Zufluchtsritual kennen und durchführen. Machtvolle weltliche Gottheiten, Berge, gewaltige Bäume, Götter, *Nagas*, Eltern oder andere Verwandten können uns keine Zuflucht gewähren. Der Grund dafür ist, daß derjenige, der Zuflucht gibt, frei von allen Ängsten, Leiden und den Ursachen des Leidens sowie frei von Verwirrung sein muß. Da gewöhnliche Wesen nicht frei von Leiden sind, können sie kein Objekt der Zuflucht sein.

Die drei Objekte der Zuflucht sind:
- der **Buddha** als derjenige, der vollkommen frei von Verwirrung, Furcht und Leiden ist
- der **Dharma** als der einzige Weg, Buddhaschaft zu erlangen
- die **Sangha** als die einzige Gemeinschaft, in der der Dharma praktiziert wird.

Manchmal wird die Frage gestellt: Wird jemand, der während der Zufluchtnahme Zweifel hat, beschützt werden? Selbst, wenn man die Zuflucht durch einen befähigten Menschen erhält, wird man möglicherweise nicht beschützt werden. Deshalb soll man keine Zweifel haben, sondern Furchtlosigkeit entwickeln.

Wie kraftvoll die Zuflucht ist, illustriert diese Geschichte des Buddha:

"Als der Buddha am Geierberg weilte, lebte dort ein Mann namens Palbe, ein leidenschaftlicher Verehrer jener Lehrer, die eifersüchtig auf die Anhängerschaft des Buddha waren. Diese irregeleiteten Lehrer belehrten Palbe folgendermaßen: 'Dieser "Buddha" genannte Mann beträgt sich hochmütig und tut so, als ob er mit Allwissenheit ausge-

stattet wäre. Er hat viele junge Leute zu Mönchen und
Nonnen bekehrt, und das wird Unheil über unser Königreich bringen. Daher tue folgendes: Grabe neben deinem
Haus ein großes Loch und zünde darin ein Feuer an. Dann
decke die Grube mit Gras ab, um die Falle zu tarnen. Als
nächstes bereite ein Festmahl mit vergifteten Speisen vor
und lade den Buddha und seine Anhängerschaft dazu ein.
Falls der Buddha so allwissend ist, wie er behauptet, wird
er die Gefahr erkennen und die Einladung ablehnen. Ist
dies nicht der Fall, haben er und seine Anhänger den Tod
durch Feuer oder Gift verdient.'

Am Tag darauf lud Palbe den Buddha und sein Gefolge
zum Essen ein. Der Buddha sah die Zeit gekommen, den
Hausbesitzer zu bezähmen, und so nahm er die Einladung
an. Palbe kehrte mit der Überzeugung nach Hause zurück,
daß die Annahme der Einladung ein Zeichen für den
Schwindel von der Allwissenheit des Buddha war. Doch
seine Frau beobachtete die Vorkehrungen mit großer
Sorge. 'Wenn du den Buddha tötest' sagte sie, 'wird dich
danach große Reue erfüllen.' In der Befürchtung, seine
Frau könnte seine Absichten ausplaudern, sperrte Palbe sie
in ein kleines Zimmer ein.

In der Zwischenzeit gab der Buddha Ananda folgende
Anweisungen: 'Obwohl es üblich ist, daß einer meiner
Schüler auf meinem Wege voranschreitet, soll heute niemand vor mir hergehen.' Nachdem er dann seine Dhar-
magewänder angelegt und seine Bettelschale genommen
hatte, ging er mit seinem Gefolge zu Palbe's Heim. Er
wurde außerdem von den Göttern *Brahma* und *Indra* be-
gleitet. Zum Zeitpunkt seiner Ankunft in Rajagriha bebte
die Erde sechsmal, und die Menge wurde von Ehrfurcht
ergriffen. Ein *Upasaka*, der die bevorstehende Ankunft des
Buddha an Palbe's Heim beobachtete, bat den Buddha
umzukehren und warnte ihn vor Palbe's bösartigen Vorkehrungen.

Der Buddha entgegnete: 'Glaubst du, daß Feuer mir schaden wird? Selbst, als ich im Tierreich wiedergeboren
wurde, war ich vor den Gefahren des Feuers sicher. Nun,
da ich erleuchtet bin, welchen Schaden sollte Feuer da an-
richten? Da ich das Feuer der drei Gifte (Unwissenheit,
Begierde und Haß) überwunden habe, hat gewöhnliches
Feuer keine Macht, mir zu schaden.' Als der Buddha seinen goldenen Fuß auf die Abdeckung aus Gras setzte,
wurde die Grube in einen mit Lotusblüten bedeckten
Teich verwandelt, der von summenden Bienen bevölkert
war. Götter vervollständigten den neuen Schauplatz mit
Gefäßen aus Sandelholz, und die Menge war von Erstaunen erfüllt.

In der Zwischenzeit hatten sich Palbe und seine falschen
Lehrer im Haus versteckt. In der Annahme, der Lärm der
Menge könne den Erfolg von Palbe's negativer Hand-
lungsweise bedeuten, brach seine Frau die Tür ihres Zim-
mers auf. Sie war ganz aufgeregt vor Glück, als sie den
Lotusteich erblickte und weinte vor Freude.

Als der Buddha sich dem Hause näherte, erschrak Palbe
sehr. Seine Haare standen zu Berge, und er warf sich vor
dem Buddha nieder. 'Sugata' sagte er, 'aufgrund meiner
Beziehungen zu falschen spirituellen Freunden habe ich
einen schweren Fehler begangen. Bitte, vergib mir meine
negativen Handlungen, denn sie sind ein Ergebnis falscher
Anschauungen. Ich werde in der Zukunft nie wieder etwas
Negatives ausführen. Bitte bleibe hier, und ich werde ein
neues Festmahl mit makellosen Speisen herrichten.' Der
Buddha entgegnete: 'Es ist nicht notwendig, daß du ein
neues Mahl zubereitest. Selbst, als ich im Tierreich wiedergeboren wurde, war ich vor den Gefahren von Gift ge-
schützt. Nun, da ich erleuchtet bin, ist es unmöglich, daß
mir gefährliche Substanzen Schaden zufügen können. Bevor du die Speisen verteilst, rezitiere den folgenden Vers:

Unwissenheit, Haß und Begierde sind die drei Gifte des Samsara.
Der Buddha ist frei von diesen drei Giften.
Der Buddha wird der Macht dieser Gifte ein Ende bereiten.
Der Dharma ist frei von Giften.
Durch die Macht des Dharma
werden die Gifte gereinigt.
Die Sangha ist makellos.
Durch die Macht der Wesensart dieser vortrefflichen
Gemeinschaft
werden die Gifte gereinigt.

Weil ich, der Buddha, der Unvergleichliche in Samsara, die
Erleuchtung erlangt habe, wird das Gift meinem Körper
nichts anhaben können.

Weil der Dharma, diese höchst vollkommene Lehre, sich
durch Reinheit auszeichnet, wird das Gift meinem Körper
nichts anhaben können.

Weil die Sangha, diese höchst vortreffliche Gemeinschaft,
makellos ist, wird das Gift meinem Körper nichts anhaben
können.

Die drei Gifte Begierde, Haß und Unwissenheit quälen die
fühlenden Wesen. Durch die Kraft der Reinigung durch
den Buddha, den Dharma und die Sangha wird der Geist
vollkommen vor diesen Giften bewahrt. '

Auf diese Weise reinigte der Buddha die Speisen vom Gift,
und Palbe nahm Zuflucht zum Buddha. Er prägte sich die
Verse ein, rezitierte sie dreimal und brachte das Speise-
opfer dar. So wurde Palbe gezähmt und zu einem großen
Anhänger des Buddha."

Jeder, der Zuflucht nehmen will, muß zuerst vom Leiden in
Samsara überzeugt sein und muß Vertrauen zu den Drei Juwelen
haben, die vor dem Leiden schützen können.

Der **Buddha** ist die Verwirklichung der drei vollkommenen
Körper (*Dharmakaya, Sambhogakaya, Nirmanakaya*). Er ist vollständig von allen Befleckungen gereinigt. Er hat Weisheit und

Mitgefühl vervollkommnet und besitzt alle besonderen Qualitäten.

Der **Dharma** beinhaltet die *Drei Körbe der Lehre*, die sowohl in der Weisheit der Buddhas und Bodhisattvas als auch in der Wahrheit des Pfades und der Wahrheit der Beendigung verwirklicht sind.

Die **Sangha** umfaßt jene, die uns motivieren, Erleuchtung zu erlangen. Die gewöhnliche Sangha ist eine Gruppe von mindestens vier reinen Mönchen und Nonnen. Die edle Sangha umfaßt jene, die die Verwirklichung jenseits des Samsara erlangt haben.

Die letztendliche Zuflucht ist der Buddha, denn er ist Dharmakaya, die Natur der Weisheit, der vollständige Körper des Dharma und die letztendliche Entwicklungsstufe aller Sanghas. Er ist jenseits von Entstehen, Bestehen und Vergehen. Er ist vollkommen rein und frei von allen Wünschen.

Der Buddha ist wie ein Arzt, der Dharma wie die Arznei und die Sangha wie die Krankenschwestern. Genauso, wie der Arzt den Charakter und die Ursachen der Krankheit erklärt und die notwendige Arznei verschreibt, so hat auch der Buddha alle verschiedenen Zustände des Leidens im Samsara und ihre Ursachen erklärt. Um uns zu helfen, uns vom Leiden zu befreien und Frieden zu erlangen, gab er uns den Dharma. Und ebenso, wie wir die Arznei von einer Krankenschwester erhalten, so kann auch die Sangha unsere Praxis unterstützen. Wenn wir diesem Pfad gewissenhaft folgen, können wir vom Leiden befreit werden und Furchtlosigkeit verwirklichen.

Jeder, der die Zufluchtsordination wünscht, sollte sie von einem lebenden Meister erhalten. Nach der Zufluchtnahme sind folgende Übungen wichtig:

– Darbringen von Opferungen an die drei Juwelen durch Handlungen des Körpers und des Geistes, wo immer man sich befindet. Mache Opferungen von allem, was du ißt und trinkst. Man sollte die Zuflucht nicht für eine Belohnung aufgeben, auch nicht, um das eigene Leben zu schützen. Mit dem Bewußtsein der großen Qualitäten des

Weisheit-Mitgefühls von Buddha, Dharma und Sangha nimmt man immer wieder Zuflucht.

– Nachdem man zum <u>Buddha</u> Zuflucht genommen hat, nimmt man keine Zuflucht mehr zu weltlichen Geistern oder machtvollen Gottheiten, denn sie sind nicht frei von Verwirrung und verfügen deshalb nicht über die Weisheit, andere zu befreien.

– Nachdem man Zuflucht zum <u>Dharma</u> genommen hat, sollte man keinem einzigen fühlenden Wesen schaden zufügen. Der Dharma ist das Mittel gegen Gewalt und Verwirrung. Wenn man anderen nicht helfen kann, sollte man ihnen zumindest nicht schaden, denn ebenso wie wir suchen alle anderen fühlenden Wesen nach Frieden.

– Nachdem man Zuflucht zur <u>Sangha</u> genommen hat, sollte man keine Verbindung mit Menschen eingehen, die an falschen Anschauungen festhalten (die gegen den spirituellen Weg sind) oder nicht an das Gesetz von Ursache und Wirkung glauben. Allgemein ist die Dharma-Gemeinschaft wichtig. Eine Heilpflanze, die in einem Wald wächst, verwandelt die Pflanzen in ihrer Umgebung in Medizin, und eine Giftpflanze verwandelt die Nachbargewächse in Gift. Genauso werden wir in der Gemeinschaft von spirituellen Menschen zu einem spirituellen Leben inspiriert, während wir in der Gesellschaft weltlicher Menschen dazu neigen, in Weltliches zu fallen.

– Man bringt dem <u>Buddha</u> und selbst Abbildungen von ihm Achtung entgegen, indem man diese zu Objekten der Zuflucht erhebt.

– Genauso achtet man die kostbaren Lehren und Texte, die sich mit dem <u>Dharma</u> befassen. Sie sollten nicht auf den Boden gelegt werden. Wenn man einen Text auf dem Boden findet, denke man daran, daß dies eine kostbare Lehre ist, die die Mittel zur Reinigung geistiger Verdunkelungen und zur Erlangung von vollkommener Weisheit und Mitgefühl beinhaltet. Mit diesem Verständnis legt man sie an einen höheren Platz.

– Gleichfalls achtet man die <u>Sangha</u> und innerhalb dieser alle ihre Stufen. Dies schließt sowohl die Dharma-Freunde als auch hochverwirklichte Meister ein, denn alle entwickeln ihren Geist, um Erleuchtung zu erlangen. Deshalb werden sie eines Tages ausnahmslos die Buddhaschaft verwirklichen. Sie sind nicht wie gewöhnliche Wesen zu betrachten. Indem wir dies berücksichtigen, bringen wir ihnen Achtung entgegen, insbesondere, wenn es sich um Mönche und Nonnen handelt.

Die positiven Aspekte der Zufluchtnahme

Zunächst betritt man durch die Zufluchtnahme den buddhistischen Pfad. Hinter den Lehren des Buddha steht nicht das Ideal, andere zu Buddhisten zu machen. Aufgrund seiner Weisheit und seines Mitgefühls entwickelte der Buddha eine Methode zur Befreiung aller fühlenden Wesen von Begrenzung, Verwirrung und Leiden.

Die Zufluchtsordination ist die Grundlage aller höheren Gelübde und *tantrischen Ermächtigungen*. Sie ist eine Methode zur Reinigung von früherem negativen Karma und ein Schutz vor Schaden durch menschliche und nichtmenschliche Wesen. Deshalb ist es wichtig, sich immer wieder an die Zufluchtnahme zu erinnern und die geeigneten Gebete zu sprechen. Auf diese Weise werden unsere Wünsche verwirklicht, Weisheit und Verdienste vermehren sich, wir werden nicht in den niederen Bereichen wiedergeboren und erlangen schnell die vollkommene Erleuchtung.

Obwohl Samsara endlos ist, können wir es durch die Zufluchtnahme begrenzen. Daher ist dies ein Weg der Freude. Wenn wir die Lehren studieren und meditieren, sollten wir uns freudig bemühen, auch wenn wir manchmal auf Hindernisse stoßen.

Der spirituelle Meister

Wenn wir Zuflucht nehmen, ist es wichtig, einen qualifizierten spirituellen Meister zu finden. Diejenigen, die Buddhaschaft erlangen wollen, müssen sich auf einen spirituellen Meister stützen, denn allein weiß man nicht, wie all die ausgezeichneten Eigenschaften verstärkt und die Befleckungen gereinigt werden können. Alle Buddhas der *Drei Zeiten* erlangten die Buddhaschaft unter der Anleitung eines spirituellen Meisters. Der spirituelle Meister ist wie ein Führer, der uns hilft, an einen unbekannten Ort zu gelangen. Er ist der Begleiter bei der Durchquerung gefährlicher Gebiete. Er ist der Kapitän des Schiffes und ohne ihn können wir den Ozean des Samsara nicht überqueren.

Es gibt vier verschiedene Arten spiritueller Meister:

- den gewöhnliche Meister
- den Meister, der verschiedene *Bodhisattva*-Stufen erreicht hat
- den Meister auf der Stufe des *Nirmanakaya*
- den Meister auf der Stufe des *Sambhogakaya*

Die Art des Meisters entspricht jeweils der eigenen Entwicklung. Am Anfang kann man die Buddhas und Bodhisattvas nicht erreichen. Darum muß man die Verbindung zu gewöhnlichen spirituellen Meistern suchen. Sind die karmischen Befleckungen ein wenig gereinigt, trifft man den Bodhisattva-Meister. Wenn man über den Pfad der Ansammlung hinausgelangt, kann man den spirituellen Meister auf der Nirmanakaya-Stufe erreichen. Wenn man selbst eine Bodhisattva-Stufe erreicht hat, kann man den Meister auf der Sambhogakaya-Stufe treffen.

Welche dieser vier Arten von Meistern ist nun die gütigste? Solange wir in der Dunkelheit von Karma und störenden Gefühlen gefangen sind, können wir noch nicht einmal das Antlitz eines höheren Meisters sehen. Indem wir den gewöhnlichen Meister treffen und seinen Belehrungen zuhören, werden wir fähig, in den Pfad einzutreten und unser Verständnis zu erweitern. Auf diese Weise können wir später höheren Meistern begegnen. Deshalb ist es von allen Meistern der gewöhnliche Meister, dem wir am meisten zu Dank verpflichtet sind.

Jede Meisterstufe beinhaltet unterschiedliche Qualitäten:

- Unter den gewöhnlichen spirituellen Meistern gibt es drei Gruppen:
    - Die erste umfaßt acht Qualitäten: Ethik, umfassendes Wissen über die Bodhisattva-Lehren, Verwirklichung,

großes Mitgefühl, Furchtlosigkeit, Geduld, unermüdlichen Geist und geschickte Rede.

- Die zweite Gruppe umfaßt vier Qualitäten: gutes Wissen der *Sutras* und *Shastras*, Weisheit, die die Unentschlossenheit anderer beendet, heilsames Handeln und die Fähigkeit, störende Gefühle aufzuzeigen und ihre Gegenmittel anzuordnen.

- Die dritten Gruppe muß mindestens zwei Qualitäten aufweisen: Kenntnis der Bedeutung der *Mahayana*-Lehren und Hingabe in der Ausübung der *Bodhisattva-Gelübde*.

- Auf dieser Basis muß der *Vajrayana*-Meister mindestens die *Ermächtigungen* erhalten haben, qualifiziert in den Erklärungen zur aufbauenden und vollendenden Phase der Meditation sein und das *Samaya* halten. Er kann außerdem zahlreiche andere, höhere Qualitäten besitzen.

- Der spirituelle Meister von der ersten bis zur zehnten Bodhisattva-Stufe ist gereinigt und in der Verwirklichung der Weisheit geübt.

- Der Buddha ist vollkommen von den *zwei Hindernissen* (Hindernisse vor der Befreiung und vor der Allwissenheit) gereinigt, und er hat die zwei großen Weisheiten (Verwirklichung der verschiedenen Arten des Wissens und Verwirklichung der Soheit) vollkommen erlangt.

Wenn wir solche Meister finden, sollten wir sie mit der Erkenntnis, daß sie kostbar sind, aufsuchen. Wir sollten ihnen unseren Respekt erweisen, Niederwerfungen ausführen, uns erheben, wenn sie den Raum betreten und uns nicht erlauben, leicht zufriedengestellt zu sein. Es ist schwierig, den wirklichen Meister zu treffen. Bringe Opfergaben in Form von Speisen, Kleidung und anderen notwendigen Dingen, wie Arznei oder Geld, dar. Betrachte den Meister als den Buddha selbst und gehorche ihm bedingungslos, so wie *Naropa* und *Milarepa* es taten. Am wichtigsten ist es, den Meister durch die eigene Praxis zu erfreuen, seine Unterweisungen mit einsgerichtetem Geist aufzunehmen und die *Drei Tore* der Praxis zu widmen. Ist der Meister zufrieden, kön-

nen wir höhere Verwirklichungen erfahren und schließlich die
Buddhaschaft erlangen.

Wenn wir die Lehren erhalten, sollten wir zuerst die richtige
Motivation von Bodhicitta entwickeln und darüber meditieren,
daß wir selbst der Patient sind und der Meister der Arzt ist, der
die Krankheit heilt. Wenn wir die Belehrungen hören, sollten
wir diese Einstellung in unserem Geist halten und die drei Fehler
vermeiden. Wir sollten nicht sein:

- wie ein auf dem Kopf stehendes Gefäß
- wie ein Gefäß mit einem Loch im Boden
- wie eine mit Gift gefülltes Gefäß.

Wenn das Gefäß auf dem Kopf steht, kann nichts hineingegossen
werden. In der gleichen Weise können wir keine Belehrungen
aufnehmen, wenn unser Geist verschlossen ist.

Wenn das Gefäß ein Loch hat, läuft der Inhalt aus. Genauso werden wir die Unterweisungen vergessen, wenn wir nicht aufmerksam sind.

Wenn sich in dem Gefäß Gift befindet, verdirbt alles, was man
hineingießt, ganz gleich, wie vorzüglich es ist. Ebenso wird uns
keine Belehrung helfen, wenn wir sie mit Begierde, Zorn, Abneigung usw. aufnehmen. Wir müssen mit einer reinen Motivation
zuhören.

Die positiven Aspekte der Verbindung mit einem spirituellen Meister

Der Bodhisattva, der den spirituellen Meister trifft, wird nicht in
die niederen Bereiche zurückfallen, er wird nicht das Opfer un-
tugendhafter Freunde werden, und er wird den Mahayana-Leh-
ren nicht den Rücken zukehren. Solch eine Person wird den gewöhnlichen menschlichen Zustand hinter sich lassen und schnell
die Buddhaschaft erlangen.

Die sieben Pratimoksha-Gelübde

Bevor wir die *Bodhisattva-Gelübde* ablegen, ist es notwendig, eine der sieben Arten von *Pratimoksha-Gelübden*, die ihre Basis sind, zu nehmen. Wenn man beispielsweise einen König in seine Wohnung einlädt, muß man sie zunächst gründlich sauber-machen und schmücken. Erst dann ist sie für solch einen vor-nehmen Gast geeignet. Um den König, der unter dem Namen 'Bodhicitta' bekannt ist, einzuladen, muß unser Geist in der glei-chen Weise gereinigt und frei von schädlichen Gedanken sein. Erst dann können wir Bodhicitta entwickeln.

Die Gelübde werden in zwei Gruppen unterteilt:

- Gelübde für Laienanhänger
- Gelübde für Entsagende

Die Laien-Gelübde sind als **Upasaka-** bzw. **Upasika-Gelübde** bekannt und beinhalten die <u>fünf Grunddisziplinen</u>:

1. nicht zu töten (insbesondere keine Menschen)
2. nicht zu lügen (insbesondere, wenn es das spirituelle Le-ben betrifft)
3. nicht zu stehlen
4. sich nicht sexuell falsch zu verhalten
5. sich nicht zu berauschen.

Die Entsagungsgelübde, die auf der Upasaka-Disziplin aufbauen, beinhalten die Kategorien der verschiedenen Mönchs- und Non-nengelübde, die als **Bhikshu-, Bhikshuni-, Siksamana-, Shra-manera-** und **Shramanerika-Gelübde** bekannt sind.

Um Frieden und Harmonie für sich selbst und andere zu erlan-gen, müssen die ethischen Regeln eingehalten werden, denn ohne ihre richtige Anwendung ist es unmöglich, Gleichmut zu ent-wickeln, ganz gleich, wie sehr wir uns auch anstrengen. Eine vom Buddha erzählte Geschichte beschreibt die Wichtigkeit von ethischem Verhalten:

"In einem der früheren Leben des Buddha lebten im Wald von Kashika vier edle Geschöpfe - ein Vogel, ein Affe, ein Hase und ein Elefant. Die vier, die immer an der gleichen

Quelle tranken, wurden bald Freunde. Eines Tages hielten
sie es für angebracht, dem Ältesten unter ihnen den größten Respekt zu erweisen. Um ihre jeweiliges Lebensalter
zu bestimmen, rief sich jeder ins Gedächtnis, wie hoch ein
in der Nähe wachsender Nyagrotabaum zu dem Zeitpunkt
war, als er ihn das erste Mal gesehen hat.

Der Elefant sagte: 'Ich muß der Älteste sein. Ich erinnere
mich, daß der Schatten des Baumes zu meiner Geburt über
mich fiel.' Der Affe erklärte: 'Ich muß älter sein als der
Elefant. Als ich geboren wurde, war der Baum genauso
groß wie ich.' Der Hase behauptete: 'Ich muß älter sein als
ihr beide. Zum Zeitpunkt meiner Geburt war der Baum
noch ein junger Sproß. Ich nahm ein junges Blatt und fraß
es auf.' Der Vogel stellte fest: 'Ich bin älter als ihr alle. Als
ich geboren wurde, fraß ich die Frucht eines Baumes, der
südlich dieser Quelle stand. Der Same des Nyagrotabau-
mes wanderte durch meinen Körper, und ich schied ihn
wieder aus. So habe ich den Baum gepflanzt.' Die Vier be-
kundeten sich nun entsprechend den gegenseitigen Respekt. Der Elefant ließ den Vogel auf seinem Haupte, den
Hasen auf seinem Nacken und den Affen auf seinem
Rücken Platz nehmen.

Daraufhin sagte der Vogel: 'Nun müssen wir die fünf
Grunddisziplinen unser ganzes Leben hindurch einhalten.'
Das taten sie, und um zu gewährleisten, daß alle anderen
Geschöpfe das gleiche taten, belehrte der Vogel all jene,
die Flügel hatten, der Elefant belehrte die mit Fangzähnen,
der Hase alle mit Pfoten und der Affe belehrte alle Wesen,
die ein Fell trugen. Der Friede, der von nun an das Königreich erfüllte, war so weitreichend, daß der König und
seine Minister dessen Wirkungen spürten und anfingen,
sich selbst dafür zu beglückwünschen.

Der König meinte, daß seine weisen Dharma-Regeln das
Gedeihen des Königreiches verursacht hatten. Die Königin
dachte, daß Glück sei eine Folge davon, daß das königliche
Paar frei von sexuellem Fehlverhalten war. Die Prinzen

nahmen an, es sei wegen der Achtung, die sie ihren Eltern entgegenbrachten, und die Untertanen glaubten, daß es auf ihren Gehorsam gegenüber dem König zurückzuführen sei. Weil jeder das Gedeihen des Königreiches einem anderen Grund zuschrieb, entwickelte sich ein großes Streitgespräch. Aus diesem Grund ließ der König einen großen Meister des Hellsehens kommen, der erklärte: 'Das Erblühen des Königreichs ist auf keine eurer Bemühungen zurückzuführen. Im Wald von Kashika leben vier außergewöhnliche Wesen, die die fünf Disziplinen einhalten, und die ihren Familien diese Disziplinen erklärt haben. Aus ihren Bemühungen ist das Wohlergehen entstanden. Weil auch der König und seine Untertanen diese Anweisungen befolgt haben, konnten sie die Früchte dieser Dharma-Praxis ernten. Jedes Tier, das gestorben ist, ist auf einer der dreiunddreißig Ebenen des Götterbereiches wiedergeboren worden.'

Indra, der König des Götterbereiches, drückte sein Erstaunen mit der folgenden Lobpreisung aus: 'Durch Achtung und Höflichkeit, durch das Erdulden der Härten des Waldes und durch das moralische Verhalten der Vögel wurden alle fühlenden Wesen der Welt dauerhaft gefestigt.' "

Der Buddha erklärte dann, daß er in einem früheren Leben dieser Vogel war, während sein Begleiter Ananda der Elefant war. Shariputra war der Hase und Maudgalyayana war der Affe.

Wenn wir also in diesem und im nächsten Leben von Krankheit und geistigen Leiden sowie anderen unerwünschten Umständen frei sein möchten, müssen wir die Gelübde einhalten. Die Person, die zur Mahayana-Familie gehört und Zuflucht zu den Drei Juwelen genommen hat und die irgendeine der sieben Arten der *Pratimoksha-Gelübde* befolgt, verfügt über die Grundlagen, um Bodhicitta zu üben.

Die zwei Arten von Bodhicitta

Es reicht nicht aus, anderen Liebe und Mitgefühl zu wünschen, sondern wir müssen Methoden anwenden, diese Einstellung umzusetzen. Diese Methoden sind bekannt als

- **relatives Bodhicitta**, welches den Pfad des Strebens und den Pfad der Ausführung umfaßt
- **absolutes Bodhicitta**, welches eine Vereinigung von *Leerheit* und Mitgefühl ist, grenzenlos und unbefleckt und jenseits aller Konzepte

Ist Bodhicitta erst einmal entfaltet, sollte man nicht ein einziges Wesen aufgeben.

Relatives Bodhicitta umfaßt zwei Aspekte:

- Bodhicitta des Strebens
- Bodhicitta der Ausführung

Der Aspekt des Strebens bedeutet, daß der Wunsch vorhanden ist, Erleuchtung zu erlangen. Dieser Wunsch ist vergleichbar mit dem Wunsch, an einen bestimmten Ort zu reisen. Der Aspekt der Ausführung ist wie die tatsächliche Reise an das gewünschte Ziel.

Wenn wir Bodhicitta entwickeln, ist es wichtig, zwei Ziele im Auge zu behalten:

- die Erlangung der Erleuchtung (oder die Suche nach der reinen Weisheit des Buddha)
- das Wohlergehen aller fühlenden Wesen ohne Ausnahme.

Wo immer es Wesen gibt, gibt es auch störende Gefühle und Karma, und deshalb gibt es dort auch verschiedene Ebenen des Leidens. Deshalb müssen wir den Entschluß fassen, alle fühlenden Wesen von diesem Leiden zu befreien. Es gibt vier Voraussetzungen, um den Erleuchtungsgeist (Bodhicitta) zu entwickeln:

- man sieht den spirituellen Meister als den Buddha selbst an
- man hat im Mahayana-Pfad Zuflucht genommen
- man übt sich in der Praxis der *Vier Unermeßlichen*
- man sammelt großen Verdienst und Weisheit an.

Die positiven Resultate, die sich aus der Entwicklung auf dem
Pfad des Strebens ergeben, sind folgende: Indem man in die
Bodhisattva-Familie eintritt, erhält man die Übungen eines
Bodhisattva, wodurch die Wurzel der unheilsamen Handlungen
abgeschnitten wird; der Same der Erleuchtung ist in einen
gesetzt; man sammelt grenzenlose Verdienste und Weisheit an;
man erfreut alle Buddhas; man nutzt allen Wesen; und man
erlangt schnell die vollkommene Erleuchtung.

Auf der Grundlage des Pfades des Strebens hat das Bodhicitta der
Ausführung die folgenden positiven Resultate: man erfährt ununterbrochen persönlichen Nutzen und man ist in der Lage, anderen Wesen durch vielfältige Handlungen zu nützen.

Alle Buddhas der drei Zeiten haben die Erleuchtung durch diese
Übung erreicht, die für die Erlangung der Buddhaschaft unbedingt notwendig ist. Wenn wir die Bodhisattva-Gelübde nicht
einhalten, werden wir nicht in der Lage sein, anderen zu helfen
oder die Erleuchtung zu erlangen und wir werden in einem niederen Bereich wiedergeboren werden.

Das Bodhicitta der Ausführung wird durch das Studium und die
Praxis der *sechs Paramitas* erreicht. Das Wort Paramita leitet sich
von 'param', jenseits der Küste und 'ita', die Ankunft nach der
Überquerung des Ozeans von Samsara, ab. Dies verweist auf die
Vollkommenheit der Weisheit. Es schließt auch die Vollendung
der Stufe der Buddhaschaft sowie die Methode dazu ein.

Die sechs Paramitas sind:

1. Freigebigkeit
2. Ethik und Verhalten
3. Geduld
4. Freudige Anstrengung
5. Konzentration
6. Weisheit.

Die Praxis der Zufluchtnahme und Entwicklung von Bodhicitta

Man visualisiert vor sich einen Juwelenthron, auf dem sich eine Lotusblüte befindet, die eine Sonnen- und Mondscheibe trägt. Auf der Mondscheibe sitzt der *Vajra-Meister* im Zustand der Buddhaschaft. Er ist von den Meistern der Übertragungslinie sowie den unzähligen Buddhas, Bodhisattvas, *Yidams* und Dharma-Schützern umgeben. Man meditiere darüber, daß sie alle vollkommene Formen von Weisheit und Mitgefühl sind.

Danach entwickelt man die Vier Unermeßlichen: Liebe, Mitgefühl, Freude am Frieden und Glück anderer und großen Gleichmut.

[Dann werden die **sieben Zweige** durchgeführt:]

1. Zufluchtnahme zum Mahayana-Pfad
2. Darbringen von Opferungen.
3. [Bekennen der unheilsamen Handlungen und] Ausführung der Reinigungspraxis.
4. Erfreuen am Verdienst der anderen.
5. Ersuchen an die Buddhas, das *Rad der Lehre* zu drehen.
6. Bitten, daß die Meister nicht eher ins *Nirvana* eingehen mögen, bis das letzte Wesen die Erleuchtung erlangt hat.
7. Teilen des Verdienstes dieser heilsamen Handlung, und Widmung des eigenen Verdienstes und des Verdienstes der anderen.

Zufluchtnahme zum Mahayana-Pfad bedeutet, daß man Zuflucht nimmt, bis die Erleuchtung erlangt ist

Die höchste **Opferung** ist die Übung der grundlegenden Tugenden und der *Meditation*, die die Entwicklungs- und die Vollendungsphase beinhaltet.

Für die **Reinigungspraxis** ist die Reinheit der Motivation am wichtigsten. Wir müssen uns von allen unheilsamen Handlungen reinigen, die aus störenden Gefühlen entstanden sind, wie z.B. die *fünf schweren unheilsamen Handlungen*. Die Methode der Reinigung besteht aus den **vier Kräften:**

- die Kraft der Reue
- das Anwenden von Gegenmitteln
- das Abstandnehmen von negativen Handlungen
- die Kraft des Vertrauens.

Reue bedeutet, darüber nachzudenken, wie wir sinnlos negatives Karma erzeugt haben, wie dies Leiden verursacht hat und darüber, wie wichtig es ist, von unheilsamen Handlungen Abstand zu nehmen. Wenn wir beispielsweise versehentlich Gift zu uns genommen haben, haben wir sofort das Bedürfnis, uns mit allen Mitteln davon zu befreien. Auf die gleiche Weise müssen wir uns mit allen Mitteln von den Folgen des negativen Karma befreien.

Das Anwenden von Gegenmitteln umfaßt Meditationen wie die Praxis von Mitgefühl, Weisheit, Visualisationen und die Rezitation von *Mantras* und insbesondere die *Mahamudra*-Praxis.

Das Abstandnehmen von negativen Handlungen bedeutet die Erkenntnis, daß unheilsame Handlungen unermeßliches Leiden nach sich ziehen und wir sie deshalb unbedingt vermeiden müssen.

Die Kraft des Vertrauens beinhaltet die Zufluchtnahme, die Entwicklung von Bodhicitta und das Erhalten von Ermächtigungen.

Selbst, wenn man nur eine dieser Kräfte anwendet, wird dies helfen, negatives Karma zu reinigen. Wendet man alle vier Kräfte an, wird man ohne jeden Zweifel alles negative Karma reinigen können. Die *Vajrasattva*-Meditation gehört zu den besten Reinigungsmethoden.

Das **Erfreuen am Verdienst der anderen** ist das Mittel gegen Eifersucht. Freue dich über die Handlungen des Buddha, durch die die Wesen den Zustand der Erleuchtung erlangt haben, und erfreue dich an den tugendhaften Handlungen aller anderen.

Durch die **Widmung des Verdienstes** werden alle Tugenden und besonderen Eigenschaften mit denen der anderen sowie mit denen der Buddhas der *Drei Zeiten* vereinigt, mit dem Wunsch,

daß durch diese Kraft alle fühlenden Wesen vom Leiden befreit
werden und die vollkommene Erleuchtung erlangen mögen.

Die Praxis des Bodhicitta des Strebens

Die Praxis des Bodhicitta des Strebens umfaßt: kein einziges fühlendes Wesen aufzugeben, sich die nutzbringenden Wirkungen
von Bodhicitta ins Gedächtnis zurückzurufen und die Meditation
darüber, daß Bodhicitta der Same der Erleuchtung ist. Es ist das
wunscherfüllende Juwel und der Schutz, unter dem alle Ge-
borgenheit finden.

Um die Kraft von Bodhicitta zu entfalten, praktiziert man die
zwei Ansammlungen (Verdienst und Weisheit). Man übt konti-
nuierlich die Einstellung von Bodhicitta durch Liebe und Mitgefühl. Mindestens einmal am Tag wiederholt man die Bodhisattva-
Gelübde und erinnert sich an die Regeln. Man soll die vier negativen Handlungen vermeiden und die vier positiven Handlungen
entwickeln.

Die vier negativen Handlungen sind:

  – einen spirituellen Meister oder andere verwirklichte We-
    sen zu belügen
  – unbegründeten Zweifel oder Reue über die tugendhaften
    Handlungen anderer hervorzurufen
  – andere Bodhisattvas zu mißachten
  – andere Wesen zum eigenen Vorteil zu täuschen.

Die vier positiven Handlungen sind:

  – selbst bei der Gefahr, das eigene Leben zu verlieren, kei-
    nen spirituellen Meister oder andere verwirklichte Wesen
    zu belügen
  – alle fühlenden Wesen in die Lage zu versetzen, tugendhaf-
    tes Mahayana-Verhalten zu üben
  – alle Bodhisattvas als Buddhas zu betrachten und das Wis-
    sen über ihre guten Eigenschaften überall zu verbreiten
  – uneigennützig mit reiner Motivation zum Wohle aller
    Wesen zu wirken.

Die Praxis der sechs Paramitas

Freigebigkeit

Ohne die Praxis der Freigebigkeit leidet man an Armut und wird im Bereich der Hungrigen Geister wiedergeboren. Ein Hungriger Geist sagte einmal: "Ich war materiellen Dingen verhaftet und übte keine Freigebigkeit. Aus diesem Grunde befinde ich mich jetzt im Bereich der Hungrigen Geister." Wer keine Freigebigkeit praktiziert, kann nicht zum Nutzen anderer wirken und somit keine Buddhaschaft erlangen.

Durch die Übung von Freigebigkeit erreicht man alles, was notwendig ist, hat ein gutes Leben und wird nicht im Bereich der Hungrigen Geister wiedergeboren. Die Praxis der Freigebigkeit ist der beste Freund, der uns zu einer guten Wiedergeburt führt. Jedermann wünscht sich Friede und Glück, aber ohne Wohlstand ist es schwierig, glücklich zu sein. Derartiger Wohlstand entsteht durch die Praxis der Freigebigkeit. Mit Wohlstand kann man auch anderen nutzen und ihre Armut beseitigen. Diejenigen, die Freigebigkeit mit einer erleuchteten Einstellung üben, haben keine Schwierigkeiten, die Erleuchtung zu erlangen, außerdem brauchen sie ihren Besitz nicht zu schützen. Sie werden furchtlos, während diejenigen, die die Praxis der Freigebigkeit nicht ausüben, ihren Besitz schützen müssen und dauernd befürchten, beraubt zu werden oder etwas zu verlieren. Dies wiederum verursacht störende Gefühle, die Hindernisse auf dem Weg zur Erleuchtung hervorrufen.

Die Definition von Freigebigkeit ist eine Geisteshaltung ohne Anhaftung, die dem eigenen Besitz entsagt. Milarepa sagte einmal:

> "Die Praxis der Freigebigkeit ist das beste Mittel,
> um Begierde zu reinigen."

Es gibt drei Arten der Praxis der Freigebigkeit:

1. das Geben materieller Mittel
2. das Geben von Furchtlosigkeit
3. das Geben von Dharma-Lehren.

Das Geben materieller Mittel

Mit unreiner Motivation: Indem man etwas gibt, was anderen schadet, um sein Ansehen zu verbessern oder aus Eifersucht. Es hat keine guten Ergebnisse, wenn man Waffen oder Gift gibt oder unlautere Menschen unterstützt. Man soll nichts im Zorn oder respektlos geben.

Mit reiner Motivation: Etwas geben, was andere benötigen, sei es Nahrung, Kleidung oder zu trinken. Man übt Freigebigkeit gegenüber Menschen mit hohen spirituellen Fähigkeiten wie den Meistern, sowie den Drei Juwelen, anderen Praktizierenden, Eltern, Verwandten, Leidenden, Kranken und Armen. Dies führt man fortwährend mit Hingabe und Respekt oder Mitgefühl aus und mit der Motivation, Erleuchtung für alle fühlenden Wesen zu erlangen. Der Verdienst wird mit dem Wunsch gewidmet, daß alle Wesen vom Leiden befreit werden und Erleuchtung erlangen.

Das Geben von Furchtlosigkeit

Man bietet jenen Schutz an, die vor Räubern oder wilden Tieren in Gefahr sind. Man soll den Kranken Arznei geben, den Ertrinkenden helfen und allgemein alles Leben schützen. Freigebigkeit dieser Art hilft, dieses Leben zu erhalten.

Das Geben von Dharma-Lehren

Man gibt die Lehren an diejenigen weiter, die ein Interesse für sie zeigen und sowohl den Lehren als auch den Lehrern Achtung entgegenbringen. Dies soll mit einer reinen Motivation durchgeführt werden, ohne Opfergaben zu erwarten oder um Ruhm zu erlangen. Die reine Motivation beinhaltet Mitgefühl, Weisheit und den Wunsch, daß das Leiden und seine Ursachen bei anderen beseitigt werden mögen. Man gibt die Lehren des Buddha ohne Fehler und entsprechend der Kapazität des Empfangenden weiter. Die Freigebigkeit des Lehrens stärkt den Geist in diesem und im nächsten Leben.

Wenn man zum Wohle anderer etwas gibt, soll man es ohne Anhaftung geben und kein Resultat erwarten. Indem man unzähligen Wesen bei der Erlangung der Buddhaschaft hilft, verwandelt sich diese Freigebigkeit in grenzenlose Fähigkeiten. Wenn man Freigebigkeit mit der aus der Nicht-Dualität geborenen Weisheit ausübt, wird man den Zustand der vollkommenen Freigebigkeit erlangen.

Das Ergebnis der Ausübung von Freigebigkeit stellt sich folgendermaßen ein: Wenn man materielle Hilfe leistet, ohne Erwartungen zu hegen, kommt man selbst zu Wohlstand; wenn man andere unterstützt, die Erleuchtung zu erreichen, erlangt man selbst Erleuchtung; wenn man anderen zu essen gibt, wird die eigene Gesundheit gestärkt; wenn man andere mit Kleidung versorgt, kann man sich eines guten Aussehens erfreuen; wenn man Licht gibt, wird man das Weisheitsauge bekommen; wenn man anderen Schutz gibt, hat man Widerstandskraft gegen Angriffe von Dämonen und bösen Geistern; wenn man Belehrungen gibt, wird man den Buddha sehen und die eigenen Hindernisse beseitigen.

Ethik und Verhalten

Selbst wenn man Freigebigkeit ausübt, kann man ohne die geeignete Ethik weder eine entsprechende menschliche noch göttliche Stufe erreichen. Man wird sowenig mit den Lehren in Berührung kommen, wie ein Blinder eine Form sehen kann. Ebensowenig wie man ohne Füße laufen kann, wird man sich nicht aus Samsara befreien können. Ohne die Praxis der Ethik ist der Pfad unvollkommen.

Diejenigen, die sich im richtigen Verhalten üben, werden einen glückverheißenden, von den *acht ungünstigen Bedingungen* freien Körper erlangen. Die Übung des ethischen Verhaltens ist eine allgemein gültige Grundlage. Gerade so, wie die Erde die Bäume wachsen läßt und die Lebewesen ernährt, dient die Ethik als Grundlage für alle hohen Qualitäten eines Buddha. Wenn die Ethik rein ist, wird man die Makellosigkeit der *Samadhi*-Meditation erreichen und alle Wünsche werden erfüllt. Durch eine angemessene ethische Disziplin wird man keine Schwierigkeit haben, die Erleuchtung zu erlangen und den Buddhas zu begegnen.

Sie ist der wertvollste Schmuck, den wir tragen können und eine Quelle von Frieden und Glück. Alle Wesen haben große Hochachtung vor denjenigen, die Ethik besitzen. Ethik hat die Qualitäten von Kühle und Frische, frei von der Gebundenheit durch störende Gefühle.

Es gibt drei Arten der Ethik:

1. verbindliche Ethik
2. Ethik der Ansammlung von Verdienst
3. Ethik, zum Wohle der fühlenden Wesen zu wirken.

Verbindliche Ethik ist eine Methode, den eigenen Geist im Dharma zu festigen. Die sieben Arten der *Pratimoksha-Gelübde* gehören zu dieser Kategorie. Sie beinhalten die Vermeidung aller unheilsamen Gedanken und Taten.

Die Ethik der Ansammlung von Verdienst führt den Geist im Dharma zur Reife und bewirkt den Fortschritt unserer Studien und Verwirklichungen. Man sollte die ethischen Regeln einhalten; Dharma studieren, verstehen und meditieren; den kostbaren spirituellen Meister ehren und ihm alles geben, was er benötigt; den Alten und Kranken behilflich sein; sich an den Tugenden anderer erfreuen; sich in Geduld gegenüber denen üben, die uns verachten; alle eigenen Verdienste der Erlangung der Erleuchtung widmen; den Drei Juwelen Opferungen darbringen; bewußt und aufmerksam in der Praxis bleiben; früh am Morgen und auch am Abend meditieren; die spirituellen Meister aufsuchen und sich von den eigenen Fehlern reinigen. Man muß die Ansammlung von Verdienst ausüben, bewahren und vermehren.

Die Ethik zum Wohle der anderen umfaßt: sinnvolle Handlungen zu unterstützen; die Leiden anderer zu beseitigen; die Methode denjenigen zu zeigen, die sie nicht kennen; die Freundlichkeit anderer wiedergutzumachen; andere vor Ängsten zu beschützen; den Erschöpften das Notwendige zu geben; anderen helfen, zum Dharma zu kommen; auf die Wünsche anderer einzugehen; mit den eigenen positiven Eigenschaften anderen Freude machen und den andern zu helfen, durch die richtigen Schlußfolgerungen den Dharma zu verstehen.

Wenn man ißt, spazieren geht oder sich unterhält, sollte man immer achtsam und bewußt in bezug auf das richtige ethische Verhalten sein. Man sollte viel Gerede und spitze Bemerkungen vermeiden. Wenn man spricht, sollte man sich klar, sachdienlich, höflich und kurz ausdrücken, und ohne Anhaftung und Zorn sprechen.

Der Geist sollte nicht an Geld und Ansehen verhaftet sein, denn diese Anhaftung ist die Ursache für Ärger, Selbstbetrug und Enttäuschung. Außerdem zerstören sie die tugendhaften Eigenschaften. Anhaftung ist wie das Trinken von Wasser in einem Traum: ganz gleich, wieviel man trinkt, man kann seinen Durst nicht löschen. Aus diesem Grund sollte man Zufriedenheit entwickeln.

Die Anzahl der fühlenden Wesen, denen wir nützlich sein können, entspricht unseren Fähigkeiten. Das Mittel zur Entfaltung ethischen Verhaltens ist das Ausüben der ursprünglichen Weisheit und die Widmung, insbesondere, wenn man Ethik ohne dualistische Konzepte (oder in Vollkommenheit) praktiziert.

Das Ergebnis der Übung von ethischem Verhalten ist das Erlangen vollkommener Erleuchtung. Selbst innerhalb des Samsara wird man Wohlstand und einen vollkommenen menschlichen Körper erreichen. Alle menschlichen und nichtmenschlichen Wesen werden einem Respekt erweisen und Opferungen darbringen.

Geduld

Ohne Geduld kommt schnell Ärger auf und zerstört den durch die Übung von Freigebigkeit und Ethik angesammelten Verdienst. In der *Bodhicharyavatara* wird gesagt:

"Alle verdienstvollen Ansammlungen, die durch Freigebigkeit, dem Dienst am Buddha und andere Handlungen in Tausenden von Kalpas verursacht wurden, können durch eine einzige Handlung des Hasses zerstört werden."

Haß ist wie eine Kugel im Körper, die unsagbare Schmerzen bereitet, Ruhe verhindert und selbst den Schlaf raubt. Wenn je-

mand zornig wird, leiden seine Freunde und Verwandten und
meiden seine Gesellschaft. Weil die Geduld fehlt, können ihm die
Maras mühelos Hindernisse bereiten und die Erlangung der
Buddhaschaft vereiteln. Kurz gesagt: Es kann keinen Frieden und
kein Glück geben, wenn man ärgerlich ist.

Jemand, der Geduld hat, besitzt die kostbarste Wurzel der Tugend. In der Bodhicharyavatara heißt es:

> "Es gibt kein schwerwiegenderes negatives Karma
> als das durch Haß verursachte,
> und es gibt keine schwierigere asketische Übung
> als die der Geduld."

Deshalb übt man sich in der Praxis der Geduld durch die Anwendung vielfältiger Methoden. Wenn jemand Geduld besitzt,
wird er alles Glück erlangen (einschließlich der Erfüllung ver-
gänglicher Wünsche). Er wird Erleuchtung erlangen und den
Geist vollenden.

Geduld wird definiert als ein Gefühl der Ruhe und des Wohlbefindens, verbunden mit großem Mitgefühl sowie einem ungestör-
ten Geist.

Es gibt drei Arten der Geduld:

1. Geduld mit denen, die uns Schaden zufügen
2. Geduld gegenüber dem Leiden
3. Geduld in Verbindung mit den tiefgründigen und umfangreichen Lehren.

Geduld mit denen, die uns Schaden zufügen: Wenn uns jemand
beschuldigt oder versucht, uns verbal oder physisch Schaden zu-
zufügen oder ganz allgemein uns bzw. unseren Verwandten
Schwierigkeiten bereitet, sollten wir Geduld üben. Das bedeutet,
daß wir unserem Geist nicht erlauben, sich stören zu lassen,
nicht auf Vergeltung sinnen und auch keinen Groll hegen. Manche mögen denken, daß die Praxis der Geduld bedeutet, etwas
aufzugeben; aber in Wirklichkeit ist es eine Entwicklung, in der
Stärke und geistige Klarheit anwachsen.

Geduld kann auch dadurch geübt werden, daß wir erkennen, daß der andere nicht frei ist. Wenn beispielsweise jemand auf einen anderen wütend mit einem Stock einschlägt, dann wird der Schmerz durch den Stock und nicht durch die schlagende Person hervorgerufen. Deshalb sollten wir den Stock in der Erkenntnis zerbrechen, daß er ohne freien Willen allein durch die Person kontrolliert wurde. Ebenso ist die Person nicht frei, denn sie wurde in gleicher Weise durch Haß und Verwirrung bestimmt. Aus diesem Grund sollten wir uns bemühen, den Haß der Person auszugleichen anstatt darauf ebenfalls mit Haß zu reagieren.

Wir müssen außerdem bedenken, welche Rolle unser Karma in einer Situation spielt. Der Schaden, den wir augenblicklich erleiden, ist das Resultat unseres Karma aus früheren Handlungen. Das heißt, daß wir in einem früheren Leben eine ähnliche negative Handlungen begangen haben, deren Wirkung wir heute erdulden müssen. Dies muß akzeptiert werden.

Außerdem sollten wir die Verletzlichkeit unseres Körpers bedenken. Hätten wir keinen Körper, gäbe es nichts, dem physisch geschadet werden könnte. Daß wir und andere einen Körper haben, ist eine Ursache für das Leiden. Für diese Tatsache können wir niemanden verantwortlich machen.

Dann sollten wir die Verletzlichkeit unseres Geistes bedenken. Der Geist versucht, den Körper in jeder Weise zu schützen, ohne die Tatsache zu akzeptieren, daß alles vergänglich ist und leicht zu Schaden kommen kann. Tatsächlich ist es so, daß derjenige, der uns Schaden verursacht, eigentlich unser Freund ist, denn er lehrt uns Geduld, die unser negatives Karma reinigt, unsere tugendhaften Qualitäten stärkt und uns der Erleuchtung näherbringt.

Wir können auch Geduld üben, indem wir uns vorstellen, daß die Person, die uns Schaden zugefügt hat, in einem früheren Leben Mutter, Vater, Verwandter oder Freund gewesen sein kann. Da sie uns vielleicht in der Vergangenheit ihre Zuneigung geschenkt hat, sollten wir nicht negativ reagieren. Wir können auch darüber meditieren, daß die Person, die uns Schaden zufügt, die Natur der Vergänglichkeit besitzt und jederzeit sterben kann.

Daher sollten wir großes Mitgefühl für sie aufbringen. Wir können auch über die Leiden dieses Wesens meditieren, das die Folgen der *drei Geistesgifte* erfährt. Durch die Entfaltung des Erleuchtungsgeistes sollte man diese beseitigen und den Wunsch entwickeln, alle Wesen vom Leiden zu befreien.

Geduld gegenüber dem Leiden: Wenn man seine Handlungen auf die Erleuchtung hin ausrichtet, sollte man Geduld üben, indem man das Leiden mit einem frohen Geist akzeptiert. Die verschiedenen Leiden, die insbesondere Mönche und Nonnen erfahren, sind: die ständige Notwendigkeit, Kleidung und Nahrung zu finden; die harte Arbeit durch den Dienst an den Drei Juwelen und den *Vajra-Meistern*; die Belastung durch das Studium und die Weitergabe der Lehre und durch die Meditationspraxis sowie die Mantra-Rezitation früh am Morgen und spät am Abend trotz Erschöpfung, Hitze, Kälte, Hunger oder Durst, körperlicher Schmerzen oder geistige Entmutigung. Wie ein ernster körperlicher Umstand einen chirurgischen Eingriff erforderlich macht, so verlangt das Leiden, das wir auf dem Weg zur Erleuchtung erfahren, viel Geduld.

Geduld in Verbindung mit den Lehren: Wir sollten nicht ungeduldig werden, wenn wir von den außergewöhnlichen Qualitäten des Buddha (unendliche Weisheit, die *zehn Kräfte*, die vier Furchtlosigkeiten, die achtzehn unvergleichlichen Qualitäten u.a.), des Dharma und der Sangha hören, sondern geduldig auf die durchdringende *Leerheit* des zweifachen Selbst (der Person und der Erscheinungen) zustreben.

In diesem Zusammenhang erzählte der Buddha folgende Geschichte:

"Vor unendlich vielen Kalpas lebten zwei große *Rishis*, Tshang Penha und Mejyin, im Dschungel. Eines Tages kam ein entlaufener Dieb vorbei, der die Praktizierenden bat, zu bestreiten, daß sie ihn gesehen haben. Nachdem er weitergeflüchtet war, sagte Tshang Penha: 'Wir haben eine schwierige Wahl. Wenn wir sagen, daß wir ihn gesehen haben, wird er Schwierigkeiten bekommen. Sagen wir, daß wir ihn nicht gesehen haben, so ist das eine Lüge. Was sollen wir tun?' Mejyin erwiderte: 'Wir sollten nicht an unsere Körper verhaftet sein.' Nach einiger Zeit erreichten König De Miphan und seine Suchmannschaft den Dschungel. Als er die Rishis fragte, ob sie den Dieb gesehen hätten, antworteten sie: 'Großer König, wie können wir einen Dieb sehen, wenn wir noch nicht einmal uns selbst gesehen haben?' Kurz danach wurde der Dieb entdeckt und zum König gebracht.

Weil der König aber den Sinn der Antwort der Rishis nicht verstanden hatte, erklärte er sie zu Lügnern und befahl seinen Offizieren, ihnen Hände und Füße abzuschneiden. Aber Rishi Mejyin sagte zum König: 'König, Herr der Welt, wenn du dich selbst erforschst, wo wirst du den König finden? Befindet sich das Selbst des Königs in seinen Ohren, in seiner Nase, in seiner Zunge, in seinen Augen oder in seinem Geist? Oder befindet es sich sonst irgendwo?' Der König analysierte die Aussage und verwirklichte die Selbstlosigkeit. Er war voller Bedauern darüber, was er den Rishis angetan hatte. Mejyin erkannte die Gewissensbisse des Königs und sagte: 'Wie du erkennst, daß es kein Selbst gibt, so erkennen wir, daß Hände und Füße nicht wirklich existieren. Deshalb ist auch nichts abgeschnitten worden.'

Der König nahm den Dharma an und ernannte die zwei Rishis zu seinen Lehrern. Die zwei gaben daraufhin eine Belehrung über die Disziplin: 'König, bezeuge die wahrhaftige Kraft reiner Disziplin. Indem wir diese Kraft anrufen, mögen unsere Hände und Füße wiedererscheinen.' In einem Augenblick erschienen die Hände und Füße der Praktizierenden wie zuvor, und der König war von der Wahrhaftigkeit der Rishis überzeugt. Daraufhin praktizierte der König die edlen Disziplinen von Körper, Rede und Geist. Durch die Kraft seiner Beharrlichkeit und die Geduld, die seine Lehrer trotz seiner bösen Tat zeigten, visualisierte er die Hunderttausend Buddhas aller zehn Richtungen.

Der Buddha schloß die Geschichte, indem er berichtete, daß die
Rishis nach vielen Leben die Erleuchtung erlangten. Rishi
Mejyin wurde zum Buddha des makellosen Auges und Rishi
Tshang Penha zum Buddha Brahma Deva. Auch der König
erlangte nach vielen Leben die Erleuchtung und wurde zum
Buddha der großen Vollendung.

Wenn Geduld zum Nutzen aller Wesen geübt wird, wird sie
grenzenlos. Wird sie in Verbindung mit Leerheit und Mitgefühl
geübt, wird sie rein. Die Wirkung der umfangreichen und
tiefgründigen Praxis der Geduld besteht darin, daß wir zur
Erleuchtung geführt werden. Selbst, wenn wir uns noch nicht
auf dem Pfad befinden, werden wir uns guter Gesundheit, eines
langen Lebens und eines guten Rufes erfreuen und können sogar
zu einem König werden.

Freudige Anstrengung

Ohne Freudige Anstrengung erliegen wir der Trägheit; sind nicht
in der Lage, Tugenden zu entfalten; können anderen Wesen nicht
nutzen und können die Erleuchtung nicht erlangen. Besitzen wir
Freudige Anstrengung, werden sich alle tugendhaften Qualitäten
vergrößert wie der zunehmende Mond, und wir werden den
grenzenlosen Schatz der Weisheit des Buddha erhalten. Der Berg
des Ego wird überschritten und die Erleuchtung wird schnell erreicht.

Freudige Anstrengung wird als freudevolle Motivation zur Tu-
gendhaftigkeit definiert, die ein Mittel gegen die Trägheit ist.

Es gibt drei Arten der Trägheit:
  1. Trägheit durch Anhaftung an Vergnügungen
  2. Trägheit durch Selbsterniedrigung
  3. Trägheit durch ungünstige Bedingungen.

Die Trägheit durch Anhaftung an Vergnügungen umfaßt die
Neigung zum Ausruhen sowie die Vorliebe für die Objekte dieses Lebens, für gesellschaftliche Vergnügungen und alle ange-

nehmen Zustände. All das sollte man vermeiden. Der Buddha
sagte einmal zu seinen Mönchen:

"Wir werden uns bald dem Tod nähern und all unsere
weltlichen Aktivitäten werden ein Ende haben. Selbst die
Lehren des Buddha verfallen. Deshalb bemüht Euch um
die Festigung der Freudigen Anstrengung, solange ihr
könnt. Glaubt nicht, die Praxis bis zum Zeitpunkt des
Sterbens aufschieben zu können, denn dann wird es zu
spät dafür sein. Wegen des Leidens von Alter und Schmerzen werdet ihr nicht an die Lehren und die Meditation
denken können. Wendet euch deshalb vom Vergnügen ab,
wie ihr es tun würdet, wenn eine Schlange in euren Schoß
fallen oder ein Funke euer Haar in Brand setzen würde. Es
gibt nichts Wichtigeres zu tun, als nach Erleuchtung zu
streben und das Tor zur Wiedergeburt in Samsara zu verschließen."

Die Trägheit durch Selbsterniedrigung umfaßt die Auffassung,
daß man für das Verständnis der Lehren nicht ausreichend intel-
ligent wäre, nicht ausdauernd arbeiten zu können und daß alle
Mühe vergeblich ist. Man muß diese falsche Sicht der Dinge
vermeiden und sich ermutigen, die Erleuchtung zu erreichen.
Wenn selbst kleine Insekten durch Freudige Anstrengung zum
Erfolg kommen, dann ist es auch für einen Menschen möglich,
die Erleuchtung zu verwirklichen. Man kann darüber meditieren, daß man als Mensch geboren ist und den Unterschied zwischen Tugend und Untugend kennt. Wenn man auf diesem Pfad
weitergeht, kann man die Erleuchtung erlangen.

Trägheit durch ungünstige Bedingungen: Die unmittelbare Ursache für Leiden in diesem und im nächsten Leben entsteht dadurch, daß wir all unsere Bemühungen verwenden, um Feinde zu
unterwerfen, an unheilsamen Wohlstand verhaftet sind und
unsere ganzen Bemühungen nur auf dieses Leben ausrichten. Die
Trägheit der ungünstigen Bedingungen kann durch das Verständnis der Vergänglichkeit und durch die Erkenntnis, daß die
Dinge keine Eigennatur haben, vermieden werden.

Es gibt <u>drei Arten der Freudigen Anstrengung</u>:

1. gewappnete Freudige Anstrengung
2. handelnde Freudige Anstrengung
3. unermüdliche Freudige Anstrengung.

<u>Gewappnete Freudige Anstrengung</u>: Die Freudige Anstrengung wie eine Rüstung des Geistes tragend, entschließt man sich, keine Tugend aufzugeben, bis alle fühlenden Wesen die Erleuchtung erlangt haben. Es sollen nicht nur einige wenige oder eine begrenzte Anzahl von Wesen ausgewählt werden, sondern man bemüht sich um alle Wesen ohne Ausnahme.

<u>Handelnde Freudige Anstrengung</u> bedeutet, daß alle störenden Gefühle, wie Begierde und Zorn, gereinigt werden. Wir können dafür sorgen, daß sich die heilsamen Handlungen, einschließlich der sechs Paramitas, vermehren. Diese sollten unermüdlich praktiziert werden. Wir sollten vertrauensvoll auf tugendhafte Handlungen zugehen wie jemand, der bei großer Hitze dem Wasser zustrebt. Wir dürfen uns nicht durch störende Gefühle, konzepthaftes Denken oder Hindernisse von anderen entmutigen lassen. Unser Bemühen sollte selbstlos sein. Wie groß der Fortschritt in der Praxis auch sein mag, das Ego sollte nicht berücksichtigt werden. Daher sollen wir an dem Gedanken festhalten, allen fühlenden Wesen nutzen zu wollen, indem wir sie in ihrem Bemühen um ein Verständnis der Lehren unterstützen.

<u>Unermüdliche Freudige Anstrengung</u> bedeutet, daß man sich nicht mit kleinen Fortschritten in tugendhaften Handlungen zufrieden gibt, sondern seine Bemühungen bis zur Vollendung der Erleuchtung fortsetzt. Ist schon derjenige, der sich nur für zeitlich begrenzten Frieden und vorübergehendes Glück einsetzt, unzufrieden, wie kann jemand zufrieden sein, der für dauerhaften Frieden und für absolutes Glück arbeitet?

Wird die Freudige Anstrengung mit Weisheit, Mitgefühl und Leerheit verbunden und zum Wohle aller Wesen ausgeübt, so wird sie grenzenlos, umfassend und tiefgründig. Der Bodhisattva, der mit reiner Motivation handelt, wird durch die Freudige Anstrengung zur Buddhaschaft geführt werden. Schon auf dem

Wege dorthin wird er Glück erfahren und die umfassenden und außergewöhnlichen Qualitäten der Bodhisattvas erlangen.

Konzentration oder Samadhi

Selbst wenn jemand die Praxis der Freigebigkeit, der Ethik, der Geduld und der Freudigen Anstrengung beherrscht, ohne *Samadhi* wird sich der Geist in den Fängen störender Gefühle befinden. Auch Geistige Ruhe und Stabilität werden fehlen, und man erreicht nicht die tiefe Einsicht, ohne die man nicht zum Wohle anderer wirken kann. Ohne Samadhi ist es unmöglich, vollkommene Weisheit und die daraus folgende Erleuchtung zu erlangen.

Derjenige, der die Qualitäten des Samadhi besitzt, kann alle Meditationsstufen erreichen und sich von den Verhaftungen an diese Welt befreien. Hat man wirkliches Samadhi und reine Weisheit erlangt, können alle geistigen Hindernisse beseitigt werden, man erkennt die wirkliche Bedeutung der Lehren, entwickelt großes Mitgefühl und führt alle fühlenden Wesen auf eine der *drei Erleuchtungsstufen.*

Samadhi wird definiert als die in der Ruhe verweilende und vollkommene Einsgerichtetheit des Geistes. Das Gegenteil von Samadhi, die ablenkenden Gedanken, werden durch die störenden Gefühle wie Anhaftung an Familie, Wohlstand, Ruf usw. verursacht. Diese müssen vermieden werden. Durch die Anhaftung an solche Objekte wird man weder geistigen Frieden noch die Freiheit aus Samsara oder die Erleuchtung erfahren. Entsprechend der Anhaftung an die Objekte wird man ununterbrochen Leiden erfahren, denn man schwankt ständig zwischen der Hoffnung, etwas zu bekommen und der Furcht, etwas zu verlieren.

Um die Qualitäten der Geistigen Ruhe zu erlangen, muß man in Samadhi eintreten. Dazu müssen wir unseren Geist prüfen, um festzustellen, welche Gefühle in uns die stärksten sind und dann die richtigen Gegenmittel anwenden:

- Das Mittel gegen Begierde und Anhaftung ist die Kontemplation über die Widerwärtigkeit des Körpers.
- Das Mittel gegen Haß ist Liebe. ·
- Das Mittel gegen die Unwissenheit ist die Meditation über das abhängige Entstehen.
- Das Mittel gegen Neid ist die Gleichsetzung mit anderen.
- Das Mittel gegen Stolz ist das Austauschen der eigenen Situation mit der von anderen.
- Das Mittel gegen störende Gefühle im Allgemeinen ist die Beobachtung des Atems während der Meditation.

Die Widerwärtigkeit des Körpers: Wenn man an diesen Körper anhaftet, sollte man seine Natur betrachten: er besteht aus Fleisch, Blut, Haut, Knochen, Knochenmark, Galle, Speichel, Urin und Kot. Er besitzt keine Essenz, um daran anzuhaften. Man kann zu den Leichenplätzen gehen und sich die Leichname anschauen. Ob sie nun begraben, verbrannt oder von den Geiern gefressen werden, es gibt keine beständige Essenz an ihnen. Das gleiche gilt für unseren eigenen Körper. Tatsächlich ist der Körper die Quelle allen Schmutzes. Die saubere Nahrung, die wir in den Mund führen, scheiden wir als Kot, den wir selbst als unrein betrachten, wieder aus. Es gibt deshalb nichts, an dem wir anhaften könnten. Dies zu verstehen löst die Anhaftung des Geistes an den Körper auf. Wir meditieren darüber, daß alle Erscheinungen vergänglich sind und der Veränderung unterliegen.

Liebe: Wie schon zuvor erklärt wurde, soll man zuerst den Menschen betrachten, den man am meisten liebt. Man denkt daran, wie sehr man ihm wünschst, glücklich zu sein, und überträgt diesen Wunsch auf alle fühlenden Wesen. Auf diese Weise wird der zornige Geist beruhigt.

Abhängiges Entstehen: Alle Dinge hängen von Ursachen und Wirkungen ab. Alle Leiden von Geburt, Altern und Tod sind von vielen Ursachen und Bedingungen abhängig. Für diejenigen, die aus dem Mutterleib geboren werden, gelten die zwölf Glieder des abhängigen Entstehens:

1. Unwissenheit
2. gestaltende Tat (Karma)

3. Bewußtsein
4. Eintritt in den Mutterleib (Name und Körper)
5. sechs Sinnesquellen
6. Berührung
7. Empfindung
8. Durst und Verlangen
9. Ergreifen und Festhalten
10. Werden
11. Geburt
12. Altern und Tod.

Auf diese Weise wandert man im Rad der Verwirrung. Unwissenheit steht am Anfang aller Glieder. Wenn man die Unwissenheit reinigt, beseitigt dies auch die verbleibenden Glieder.

Der Körper ist aus den sechs Elemente zusammengesetzt:

- vom Erdelement kommen Knochen und Fleisch
- vom Wasserelement alle Körperflüssigkeiten
- vom Feuerelement Verdauung und Hitze
- vom Windelement der Atem
- vom Raumelement die Körperhöhlen
- vom Bewußtseinselement das Bewußtsein.

Fehlt eines dieser Elemente, kann der Körper nicht existieren. Daher sind sie voneinander abhängig.

Gleichsetzung mit anderen: Man meditiert darüber, daß sich andere, genau wie wir selbst, Frieden und Glück wünschen und Leiden vermeiden wollen. Daraus ergibt sich das Recht für jeden, vorübergehenden und absoluten Frieden zu finden. Auf diese Weise beruhigen wir unseren Geist von Eifersucht.

Das Austauschen der eigenen Situation mit der von anderen: Auf Grund ihrer Sorge um sich selbst, erfahren alle Wesen in Samsara unendliches Leid. Weil sie sich um andere gesorgt haben, erlangten alle Buddhas der Drei Zeiten die Buddhaschaft. Es ist also wichtig, zu verstehen, daß die Sorge um sich selbst die Quelle des Leidens ist, während die Sorge um andere der Ursprung aller außergewöhnlichen Qualitäten ist. Daher sollte man sein Ego und seinen Stolz aufgeben und 'das Gehen in den Schuhen eines anderen' praktizieren. Auf diesem Weg beseitigt man die Unwissenheit.

<u>Beobachtung des Atems</u>: Zur Meditation wird die Sieben-Punkte-Haltung des Buddha *Vairocana* eingenommen:

1. die Beine befinden sich in der *Lotus-Haltung*
2. die Wirbelsäule ist aufrecht
3. der Brustkorb ist geweitet
4. die Hände ruhen, mit den Handflächen nach oben, im Schoß
5. der Kopf ist leicht nach unten geneigt
6. die Lippen und Zähne liegen entspannt aufeinander
7. der Blick ruht auf einem Punkt, der sich ungefähr einen halben bis einen Meter vor einem auf dem Boden befindet.

Mit entspanntem Körper und Geist atmet man durch die Nase aus und ein und zählt die Atemzüge. Jedes Aus- und Einatmen gilt dabei als ein Atemzug. Man sollte bewußt und achtsam sein, denn dies ist die Säule der Meditation. Achtsamkeit bedeutet hier, die Methode der Meditation nicht zu vergessen. Kyobpa Jigten Sumgön sagte:

"Der Königsweg der Buddhas der Drei Zeiten
ist die Achtsamkeit ohne Ablenkung."

Ohne diese Achtsamkeit kann es keine Erleuchtung geben. Man sollte die Atemzüge von eins bis fünf zählen, dann von eins bis fünfzehn, schließlich von eins bis einundzwanzig. Wird das Zählen durch andere Gedanken gestört, beginnt man von vorn. Hat man in dieser Methode Stabilität erreicht, folgt man dem Atem beim Aus- und Einatmen durch die Nase bis in Nabelhöhe. Wird die Meditation gestört, bringt man den Geist wieder auf die Beobachtung des Atems zurück. Durch die Anwendung dieser Methoden versetzt man den Geist in einen ruhigen und gefestigten Zustand.

Es gibt noch andere Methoden, um Geistige Ruhe zu erreichen, doch über deren Anwendung sollte man sich mit dem spirituellen Meister absprechen.

Es gibt drei Arten von Samadhi:

1. Samadhi des Loslassens
2. Samadhi des Festigens von Qualitäten
3. Samadhi des Wirkens zum Wohle anderer.

Samadhi des Loslassens: Wenn man den vollendeten, einsgerichteten Geist erreicht, ist man frei von Depressionen, Streß und Neurosen, und sowohl Körper als auch Geist vermeiden negative Handlungen, sind vollkommen gezähmt und man erlangt den höchsten Frieden, befreit von allen störenden Gefühlen. Man ist keinen weltlichen Aktivitäten verhaftet, der Geist ist von äußeren Phänomenen unabhängig und man erfreut sich vollkommen am Samadhi des Loslassens.

Samadhi des Festigens von Qualitäten: Die höchsten Qualitäten von *Shravakas*, *Pratyeka-Buddhas* und Buddhas, insbesondere das grenzenlose Mitgefühl und die unendliche Weisheit, werden durch das Samadhi des Festigens von Qualitäten erlangt.

Das Samadhi des Wirkens zum Wohle aller fühlenden Wesen umfaßt die Erfüllung ihrer Wünsche in Übereinstimmung mit dem Dharma, daß sie vom Leiden befreit sein mögen; das Weisen des Weges; sie vor Ängsten zu bewahren sowie sie zur Erlangung der Erleuchtung durch Geistige Ruhe und besondere Einsicht zu inspirieren. Geistige Ruhe ist die geistige Stabilität, die durch das richtige Samadhi erlangt wird. Besondere Einsicht ist das vollkommene Erkennen des Zustandes der Natur des Geistes auf der Grundlage geistiger Stabilität.

Die Meditationspraxis des Samadhi kann durch Weisheit, Mitgefühl und Leerheit tiefgründig, umfangreich und grenzenlos werden. Ihre vorteilhaften Wirkungen sind, daß man die Erleuchtung erlangt. Sogar, während man noch auf dem Pfad zur Erleuchtung ist, erreicht man den inneren Frieden des Menschenoder Götterbereichs, der frei von Verlangen ist. Man kann sich an dem Besten aus Samsara erfreuen, besonders wenn man keine Erwartungen hat.

Die Vervollkommnung der Weisheit

Auch wenn man die ersten fünf Paramitas praktiziert, kann man sich nicht ohne die Vervollkommnung der Weisheit aus Samsara befreien. Man ist wie ein Blinder, der sein Ziel nicht ohne Führung finden kann.

Weisheit führt die anderen fünf Paramitas auf dem Pfad zur Erleuchtung an. Einige werden einwenden, daß dann für diesen Zweck Weisheit allein ausreichend sei. Aber tatsächlich sind alle Paramitas notwendig. Ohne Weisheit kann man nicht aus Samsara befreit werden, aber ohne Methode (die anderen Paramitas) würde man in das Shravaka-*Nirvana* zurückfallen und nicht die vollkommene Buddhaschaft erlangen. Weisheit und Methode sind wie die zwei Flügel eines Vogels. In dem Maße, wie man innerhalb der Übung der ersten fünf Paramitas fortschreitet, vermehrt sich die Weisheit, und in dem Maße, wie man Weisheit entwickelt, verbessert man die Übung der ersten fünf Paramitas. Weisheit erkennt alle Phänomene so, wie sie sind.

Es gibt drei Arten der Weisheit:

1. gehörte Weisheit
2. verstandene Weisheit
3. die Weisheit aus der Meditationspraxis.

Sie werden auch die Weisheit des Verständnisses von der relativen und absoluten Wahrheit und die Weisheit des Verständnisses von der Verwirklichung der Nicht-Dualität genannt. Außerdem nennt man sie:

1. die Weisheit vom Verständnis allgemeinen Wissens
2. die Weisheit der Verwirklichung der Erkenntnis jenseits von Samsara
3. die große Weisheit der Verwirklichung jenseits von Samsara und Nirvana.

Die Merkmale der Weisheit des allgemeinen Wissens sind: Heilen, Logik (Beweisführung), Klang (Sprache), Kunst und Handwerk.

Die Weisheit der Verwirklichung der Erkenntnis jenseits von Samsara ist die Weisheit, die in der Meditation der Shravakas und Pratyeka-Buddhas liegt, oder das Erkennen der Natur der *Skandhas* (Unreinheit, Leiden, Vergänglichkeit und Selbstlosigkeit).

Die große Weisheit der Verwirklichung jenseits von Samsara und Nirvana ist die Weisheit, die in der Praxis des Hörens, des Verstehens und des Meditierens innerhalb des *Großen Fahrzeugs* liegt. Außerdem ist es die Verwirklichung der alles durchdringenden Leerheit, die frei von den Grenzen konzeptueller Gedanken ist. (Eine kurze Erklärung hierzu wird im Kapitel über "Mahamudra" gegeben.)

DIE PRAXIS DES VAJRAYANA

Die *sechs Paramitas* sind die Grundlage des *Vajrayana*-Fahrzeugs, das ein außerordentlich geschicktes Mittel zur Vollendung dieser Praxis ist und ohne große Mühe und innerhalb kurzer Zeit, zum direkten Erkennen der Buddha-Natur führt. Dieses Fahrzeug wird auch als der 'Pfad der Umwandlung' bezeichnet.

Die Praxis des Yidam

Durch die *Ermächtigung* zur Praxis der *Yidam*-Gottheiten identifizieren wir uns mit dem Yidam und werden eins mit ihm, so daß die gewöhnlichen Vorstellungen im Geist gereinigt werden. Der Yidam ist die besondere Gottheit bzw. der Führer des Praktizierenden, der untrennbar mit ihm verbunden ist und ihn zur Erleuchtung bringt. Wenn wir also bestimmte Erleuchtungs-Gottheiten visualisieren, stellen wir uns sie nicht einfach nur vor oder geben uns Wunschgedanken hin, sondern wir realisieren dann, was schon immer existierte. Das ist die Methode zum vollständigen Erwachen des Geistes und zur Erlangung der Buddhaschaft.

In Bezug auf die Visualisation sagen manche Leute, daß es unmöglich ist, das Bild im Geist entstehen zu lassen. Das liegt daran, daß wir weit von der Realität entfernt sind und diese Art der Praxis ungewohnt ist. Wenn wir uns jedoch darin üben, wird es möglich werden. Ein Mönch, der täglich Stunde um Stunde intensiv daran arbeitet, die Visualisation entstehen zu lassen, klärt und festigt seinen Geist durch diese Beharrlichkeit, so daß

er diese Meditation nach einigen Jahren leicht durchführen kann.
Es ist also nur eine Frage der Zeit und der Entschlossenheit.

Würde die Meditation leicht entstehen, wäre es nicht erforderlich, viele Jahre in der Abgeschiedenheit zu verbringen. Weil der
Geist aber nicht leicht zu zügeln ist, haben viele große Meister,
die höhere Stufen der Verwirklichung erreicht haben, ihr gesam-
tes Leben allein in der Zurückgezogenheit verbracht. Diejenigen,
die ernsthaft danach streben, vom Leiden befreit zu sein, müssen
ihre ganze Energie und alle geistigen Fähigkeiten auf die Praxis
richten, insbesondere auf die *Sechs Yogas von Naropa*, die die
extrahierte Essenz der *Tantra*-Lehren enthalten.

Ferner sei gesagt, daß Visualisationen unabhängig von Kulturen
sind und sich nur in ihrer Klarheit entsprechend der geistigen
Reinheit des Praktizierenden unterscheiden. Wenn wir diese Art
der Meditation ausüben, ist es wichtig, einen ruhigen und reinen
Geist zu haben. Ruhe ist auf geistige Stabilität zurückzuführen
und Reinheit auf Weisheit, die nicht als materiell-substantiell,
sondern als transparent, untrennbar von Leerheit sowie frei von
störenden Gefühlen visualisiert wird.

Will man die Meditationen des Vajrayana praktizieren, ist es
wichtig, die *Ermächtigung*, die *Übertragungen der Linie* und die
Erklärungen zur *Meditation* zu erhalten.

Das Guru-Yoga der vier Kayas

Der Buddha erlangte die vollkommene Erleuchtung, die den Charakter von unendlicher Weisheit und grenzenlosem Mitgefühl hat. Um allen fühlenden Wesen zu dienen und um sie zur Erleuchtung zu führen, zeigte er sich ihnen in vielen verschiedenen Formen, entsprechend ihrem Verständnis und ihrem geistigen Zustand.

Es gibt **vier Buddha-Körper**:

1. Nirmanakaya (der Emanationskörper)
2. Sambhogakaya (der Freudenkörper)
3. Dharmakaya (der Wahrheitskörper)
4. Svabhavikakaya (der Naturkörper oder die Gesamtheit aller drei Körper).

Seinen *Wurzel-Lama* sollte man als die Verkörperung dieser *vier Kayas* erkennen. Dies ist in der Vajrayana-Praxis von größter Bedeutung. In den Lehren wird gesagt, daß man keinerlei Qualitäten erlangen wird, wenn man den Wurzel-Lama als einen gewöhnlichen Menschen betrachtet. Sieht man ihn jedoch als einen Bodhisattva, wird man etwas erreichen. Sieht man seinen Lehrer als *Vajradhara*, wird man diesen Zustand erreichen. Das Guru-Yoga der vier Kayas ist eine Methode, den eigenen Lehrer zu sehen und untrennbar von ihm zu werden.

Obwohl die Lehren des Buddha vorhanden sind, kann man weder die Belehrungen noch die vielfältigen Pfade der Praxis ohne die Anleitung durch einen befähigten Lehrer verstehen. Der Lehrer ist deshalb ein Wesen, das zeigt, wie man die Erleuchtung erreichen kann.

Mahamudra - Das große Siegel

Weder Samsara noch Nirvana sind jenseits von *Mahamudra*. Mahamudra ist eine Methode zur Erkenntnis der wahren Natur aller Dinge. Da unser Geist durch Verwirrung und Unwissenheit getäuscht ist, nehmen wir nur den augenscheinlichen Aspekt der Dinge wahr. Wir sind verwirrt und leiden sowohl durch Erwartungen als auch durch Furcht. Alle äußeren Phänomene sind Aspekte unseres Geistes. Durch das Studium und die Praxis von Mahamudra erkennen wir, daß alle Erscheinungen Trugbilder und alle Wahrnehmungen Projektionen unseres Geistes sind. So ist es möglich, den absoluten Zustand des Friedens zu erreichen.

Die grundlegende Ursache von Verwirrung und allen anderen Unzulänglichkeiten in Samsara ist die Unwissenheit. Aus der Unwissenheit entstehen die **zwei Arten des Selbst**:

1. das Selbst der Person
2. das Selbst der Phänomene.

Das Selbst der Person drückt sich in den Gedanken 'Ich' oder 'mein' aus. Wir sind diesem Selbst verhaftet und ärgern uns deshalb über die Existenz anderer Wesen. Dies wiederum ruft störende Gefühle hervor, die negatives Karma schaffen. Alles negative Karma ist verantwortlich für das Leiden in Samsara. Woher kommt dieses Selbst? Existiert es in unserem Körper, unserem Geist oder unserem Namen?

Der Körper ist zusammengesetzt aus den **vier Elementen**:

- die feste Form entstammt dem Erdelement
- die Körperflüssigkeit dem Wasserelement
- die Körperwärme dem Feuerelement
- der Atem dem Windelement.

Diese Elemente sind die gleichen, die auch in den äußeren Phänomenen aufzufinden sind. Ebenso, wie die letzteren kein Selbst aufweisen, tun es auch die ersteren nicht.

Existiert also das Selbst im Geist? Noch niemand hat den Geist gesehen, denn er besitzt weder Farbe, Form noch räumliche Dimension. Deshalb gibt es auch kein Selbst, das im Geist existiert.

Existiert es dann im Namen? Unser Name ist nur eine vorübergehende Erscheinung und ohne materielle Substanz. Deshalb existiert das Selbst auch nicht im Namen.

Bezüglich des **Selbst der Phänomene** behaupten einige, daß Phänomene aus sich selbst heraus existieren. Aber wenn wir die Phänomene bis in die kleinsten Teile aufteilen, erkennen wir, daß sie nicht unabhängig existieren. Wenn die Phänomene keine Existenz besitzen, wie kann dann ein Selbst existieren? Durch eine derartige Analyse des Selbst können wir Unwissenheit und Verwirrung beseitigen und reine Weisheit und Mitgefühl für alle fühlenden Wesen entwickeln, insbesondere jenen gegenüber, die die Wahrheit des Dharma noch nicht erkannt haben.

Um Mahamudra praktizieren zu können, ist es wichtig, die vorbereitenden Übungen und die Reinigungsübungen abgeschlossen zu haben und einen ruhigen und klaren Geist zu haben. Dann muß man einen spirituellen Meister aufsuchen. Wenn man die innere Weisheit erlangt hat, ist man frei von Anhaftung und Furcht. Diejenigen, die in der Praxis der Weisheit voranschreiten, besitzen die Achtsamkeit der Tugend, wodurch die störenden Gefühle beseitigt werden und die geistige Kraft zunimmt. Der Geist wird tatsächlich so unerschütterlich wie ein Berg, so tief wie das Meer und so weit wie der Raum. Dadurch hat man sich vom samsarischen Leben gelöst, wendet sich völlig der Meditationspraxis zu und erfreut sich an wahrem Frieden und Glück.

Die Widmung des Verdienstes

Welcher Verdienst auch immer aus dem Studium und der Praxis entsteht, er sollte gewidmet werden, so daß alle fühlenden Wesen die Erleuchtung erlangen können. Wie ein Wassertropfen, der ins Meer fällt, sich mit diesem verbindet und nicht eher vergeht, bis das Meer ausgetrocknet ist, ebenso werden auch unsere Verwirklichungen, wenn wir sie allen Wesen widmen, mit allem verschmelzen und nicht eher vergehen, bis wir Erleuchtung erlangt haben. Deshalb sollte unsere Praxis folgende Übungen enthalten:

1. die Entwicklung von Bodhicitta
2. die Praxis des Yidam
3. das *Guru-Yoga,*
4. die Praxis von Mahamudra und
5. die Widmung des Verdienstes.

Dabei ist die Widmung des Verdienstes eine der wichtigsten Übungen.

Dies ist der *Tiefgründige Fünffache Pfad des Mahamudra,* und er schließt alle Lehren des Buddha ein.

Die Fünf Pfade

Wenn wir Bodhicitta entwickeln und uns durch Studium und Praxis weiterentwickeln, durchschreiten wir die folgenden **fünf Pfade**:

1. den Pfad der Ansammlung
2. den Pfad der Vorbereitung
3. den Pfad der besonderen Einsicht
4. den Pfad der Meditation
5. den Pfad der absoluten Vollkommenheit.

Der Pfad der Ansammlung

Jemand, der Bodhicitta entwickelt und die Lehren von einem spirituellen Meister erhalten hat, um Weisheit zu erlangen, erreicht die Ansammlung von Verdienst und Weisheit und befindet sich damit auf dem Pfad der Ansammlung. Ist der Praktizierende auf diesem Pfad angelangt, konzentriert er sich auf:

– die Vier Achtsamkeiten
– die Vier Entsagungen
– die Vier Füße des Wunderbaren.

Die Vier Achtsamkeiten sind:

1. die Achtsamkeit auf den Körper
2. die Achtsamkeit auf die Gefühle
3. die Achtsamkeit auf den Geist
4. die Achtsamkeit auf die Phänomene.

Die Vier Entsagungen sind:

1. das Unheilsame vermeiden
2. dem Unheilsamen nicht gestatten aufzukommen

3. Mittel gegen das Unheilsame entwickeln, das noch nicht aufgekommen ist
4. die Tugenden weiterentwickeln, die schon vorhanden sind.

Die Vier Füße des Wunderbaren sind:

1. das Samadhi des Strebens
2. das Samadhi der Freudigen Anstrengung
3. das Samadhi des Geistes
4. das Samadhi der Analyse.

Mit Hilfe dieser Übungen nimmt der Geschmack der Erfahrungen zu.

Der Pfad der Vorbereitung

Wenn man in der Praxis auf dem Pfad der Ansammlung fortgeschritten ist, entsteht mehr und mehr Weisheit, und man erreicht den Pfad der Vorbereitung, um die Weisheit direkt zu erkennen. Befindet sich der Praktizierende auf diesem Pfad, konzentriert er sich auf

– die fünf Kräfte
– die fünf außerordentlichen Kräfte.

Die fünf Kräfte sind:

1. Vertrauen
2. Freudige Anstrengung
3. Achtsamkeit
4. Samadhi
5. Weisheit.

Sie werden Kräfte genannt, weil man mit ihnen die störenden Gefühle besiegen kann.

Die **fünf außerordentlichen Kräfte** entsprechen den fünf Kräften auf einer höheren Entwicklungsstufe.

Der Pfad der besonderen Einsicht

Wenn man die Erkenntnis der *Vier Edlen Wahrheiten* verwirklicht hat, gelangt man auf den Pfad der besonderen Einsicht [oder
Pfad des Sehens] und nimmt die Natur der Selbstlosigkeit unmittelbar wahr. Der Praktizierende, der sich auf diesem Pfad befindet, konzentriert sich auf **die sieben Zweige der Erleuchtung:**

1. vollkommene Bewußtheit
2. vollkommene Unterscheidung
3. vollkommene Anstrengung
4. vollkommene Freude
5. vollkommene Übung
6. vollkommenes Samadhi
7. vollkommener Gleichmut.

Auf dieser Stufe erfährt das Wesen große Freude, denn es befindet sich nahe an der Buddhaschaft, kann vielen Wesen helfen und
hat die grundlegende Unwissenheit gereinigt.

Der Pfad der Meditation

Der Pfad der Meditation beinhaltet

- den Pfad der Meditation in Samsara
- den Pfad der Meditation, die jenseits von Samsara ist.

Jemand befindet sich auf dem **Pfad der Meditation in Samsara,**
wenn er sich ohne die Weisheit der besonderen Einsicht einsge-
richtet konzentriert. Auf diesem Meditationspfad in Samsara
werden die störenden Gefühle beruhigt (jedoch nicht entwur-
zelt). Dadurch wird man fähig, geistige Qualitäten wie die Vier
Grenzenlosen zu entwickeln. Dieser Pfad dient auch als Basis für
die Verwirklichung des Pfades der Meditation, der jenseits von
Samsara ist.

Auf dem **Pfad der Meditation, der jenseits von Samsara ist,**
erreicht man die Geistige Ruhe sowie die Weisheit der besonderen Einsicht und praktiziert die Vervollkommnung der Weisheit,
die auf dem Pfad der besonderen Einsicht erkannt wurde.

Außerdem praktiziert man den Edlen Achtfachen Pfad. Dieser umfaßt:

1. rechte Sichtweise
2. rechten Entschluß
3. rechte Rede
4. rechtes Handeln
5. rechte Lebensführung
6. rechte Bemühung
7. rechte Achtsamkeit
8. rechtes Samadhi.

Auf diesem Meditationspfad vervollkommnen die Bodhisattvas die zehn Stufen (Bodhisattva-Bhumis) durch das Studium und die Praxis der Sechs Paramitas. Jene, die diese Stufen erreicht haben, besitzen die Eigenschaft der Verwirklichung und des Verständnisses der umfangreichen und tiefgründigen Lehren.

Der Pfad der absoluten Vollkommenheit

Wenn man den Pfad der Meditation, die jenseits von Samsara ist, vervollkommnet hat, erlangt man die Buddhaschaft, und die Meditation ist frei von Hindernissen, samsarischem Handeln und Befleckungen. Der vollständig gefestigte Geist kann nicht mehr durch konzepthaftes Denken beeinflußt werden. Man erfährt den einen Geschmack der Weisheit aller Buddhas, der die Soheit der Phänomene durchdringt. In diesem Zustand beseitigt man jegliche Ursachen des Leidens und erfährt aus diesem Grund auch nicht mehr deren Wirkungen. Weil es nichts mehr zu lernen oder zu praktizieren gibt, geht man in den Zustand jenseits von Samsara und jenseits von Nirvana ein, der als der Pfad der absoluten Vollkommenheit [oder Pfad des Nicht-mehr-Lernens] bezeichnet wird.

Zu diesem Zeitpunkt erlangt das erleuchtete Wesen die Erfahrung der **zehn Dharmas des Nicht-mehr-Lernens**. Sie sind:

1. das Nicht-mehr-Lernen der rechten Sicht
2. das Nicht-mehr-Lernen des rechten Entschlusses
3. das Nicht-mehr-Lernen der rechten Rede
4. das Nicht-mehr-Lernen des rechten Handelns

5. das Nicht-mehr-Lernen der rechten Lebensführung
6. das Nicht-mehr-Lernen der rechten Bemühung
7. das Nicht-mehr-Lernen der rechten Achtsamkeit
8. das Nicht-mehr-Lernen des rechten Samadhi
9. das Nicht-mehr-Lernen der vollständigen Weisheit
10. das Nicht-mehr-Lernen der vollkommenen Weisheit.

Zu dieser Zeit erlangt man auch die grenzenlosen Qualitäten des Buddha:

- die vier Kayas,
- die vier Furchtlosigkeiten,
- die *zehn Kräfte*,
- die achtzehn unübertroffenen Fähigkeiten

und vieles mehr.

Schlußbemerkung

Viele Texte erläutern die verschiedenen Pfade und die Stufen auf diesen Pfaden, indem sie in Einzelheiten die ihnen innewohnenden Qualitäten und Weisheiten beschreiben. Was ich hier kurz vorgestellt habe, ist nur ein Same, der dem Praktizierenden das Verständnis der grundlegenden Ideen der Lehren des Buddha ermöglichen mag und ihn ermutigen soll, sich auf die Vollkommenheit hinzuentwickeln.

Ich persönlich fühle mich den kostbaren Dharma-Lehren zu großem Dank verpflichtet, denn sie ermöglichten mir, meinen Geist zu öffnen, so daß ich die Realität erkennen konnte. Insbesondere bin ich den großen Meistern der Vergangenheit und der Gegenwart dankbar, die ihr ganzes Leben dafür gegeben haben, um diese kostbaren Lehren zu erhalten und alle fühlenden Wesen zur Erleuchtung zu führen. Nun ist es an uns, diese Belehrungen für kommende Generationen zu bewahren.

Wenn wir den Dharma studieren und praktizieren, können wir nicht erwarten, alles Leiden augenblicklich loszuwerden. Vielmehr müssen wir lernen, Schwierigkeiten direkt und in einer positiven Weise gegenüberzutreten und auf eine Reduzierung der

Ursachen des Leidens hinzuarbeiten. In dem Maße, wie wir uns von den Phänomenen außerhalb unseres Geistes abhängig machen, entwickeln wir Anhaftung und Furcht. Um Furchtlosigkeit und Freude zu erlangen, müssen wir also unseren Geist durch die Praxis von Weisheit und Mitgefühl festigen.

BARDO-BELEHRUNGEN

Ehre dem Buddha *Vajradhara*!

Ich verbeuge mich vor Vajradhara und allen Linien.
Möge ich das wirkliche Gesicht
des ursprünglichen und allesdurchdringenden Buddha erschauen,
der dieses Leben, den *Bardo* und das zukünftige Leben
in die *fünf Weisheiten* und die drei *Kayas* transformiert hat.

(Dieses Gebet bezieht sich auf einen Abschnitt des "Gesanges
von den sechs Arten des Vertrauens" von *Kyobpa Jigten Sumgön*.
Darin stellt er fest: "Ich habe als Yogi die Unterschiedslosigkeit
dieses Lebens, des nächsten und des *Bardo* realisiert.")

Das Thema, das hier behandelt wird, ist der Bardo. Die sechs
Bardos sind:

1. Bardo von Geburt und Tod: der Zustand zwischen der
   Geburt und dem Tod
2. Bardo des Sterbens: der Zustand zwischen der endgültigen
   Krankheit bis zum letzten Atemzug
3. Bardo des Dharmata: der Zeitpunkt, wenn das Bewußtsein
   den Körper verläßt, bis zum Beginn der Suche nach einem
   neuen Leben
4. als Bardo des Werdens: vom Eintritt in den Mutterleib bis
   zur Geburt
5. als Bardo des *Samadhi*: vom Anfang bis zum Ende der
   Meditation
6. Bardo des Traumes: vom Moment des Einschlafens bis
   zum Moment des Erwachens.

Die Bardos des Sterbens, des Dharmata und des Werdens sind
unter diesen sechs Bardos die wichtigsten. Der Bardo des Traumes und die Praxis des Traum-Yoga wird ausführlich in den *Sechs
Yogas von Naropa* erläutert, die man sorgfältig studieren sollte.

Der Bardo des Sterbens

Im folgenden wird der Bardo des Sterbens beschrieben, der mit dem Beginn der Krankheit einsetzt, die weder durch Medikamente oder Operation noch durch sonstige ärztliche Hilfe geheilt werden kann. Wenn man sich in diesem Zustand befindet, nimmt man im Geist zum spirituellen Lehrer und zu den *Drei Juwelen* Zuflucht. Vor dem Altar führt man soviel Opferungen wie möglich durch. Wenn es möglich ist, ruft man sich alle unheilsamen Handlungen, die man in seinem Leben begangen hat, ins Gedächtnis, während man Niederwerfungen ausführt. Man rezitiert aus ganzem Herzen das Hundert-Silben-Mantra sowie die *Bekenntnis-Gebete* und wiederholt sie so oft wie möglich, um negatives Karma zu reinigen.

Falls dies alles nicht möglich ist, kann man einen Mönch bitten, es auszuführen. Man soll seinen Körper, seinen Wohlstand und seinen Verdienst, den man seit anfangslosen Zeiten angesammelt hat, den Drei Juwelen opfern und das grenzenlose Feld des Verdienstes visualisieren. Man entwickelt Vertrauen, die Reinen Länder zu erreichen. Falls man noch Haß oder Groll gegen jemanden hegt oder in der Schuld von jemandem steht, sollte man diese Gefühle reinigen und umwandeln.

Kurz gesagt: es ist wichtig, alles mit den *Drei Geistesgiften* in Verbindung stehende Karma zu reinigen und seinen Geist auf Buddha *Amitabha* und die Drei Juwelen auszurichten. Man konzentriert sich darauf, ins *Dewachen* einzutreten und entwickelt grenzenloses Vertrauen und Hingabe zu seinem spirituellen Lehrer und den Gottheiten. Alle Gedanken, die jetzt keinen Sinn mehr haben, wie etwa den, die weltlichen Feinde zu unterwer-

fen, sollen aufgegeben werden, denn solche Gedanken sind mit
den Drei Geistesgiften verknüpft.

Wenn man sich in der Nähe eines Sterbenden aufhält, ist es hilfreich, nicht zu reden oder zu weinen, denn dies würde Anhaftung in seinem Bewußtsein hervorrufen.

Wenn sich die fünf Sinne auflösen, treten folgende Erscheinungen auf:

– die Augen können keine Form mehr sehen
– die Ohren können keinen Klang mehr hören
– die Nase kann keinen Geruch mehr erkennen
– die Zunge kann nicht mehr schmecken
– der Körper kann nicht mehr die Empfindung der Berührung erfahren.

Dies sind die Anzeichen des Todes. Zu diesem Zeitpunkt lösen
sich die *fünf Weisheiten*, beginnend mit der spiegelgleichen Weisheit, auf. Auch die *fünf Skandhas* lösen sich, mit der Form beginnend, auf. Desgleichen die *fünf Objekte* und die *vier Elemente*, das
Erdelement und andere. Wenn es zu diesem Zeitpunkt nicht
möglich ist, eine Heilung durch Medizin oder eine Operation zu
erzielen, lösen sich die vier subtilen Elemente auf.

Die Zeichen der Auflösung des Erdelements in das Wasser-
element

Die äußeren Anzeichen sind, daß der Körper das Erlebnis hat zu
fallen. Man kann sich nicht bewegen oder den Körper aufrecht
halten und das Lager, auf dem man liegt, scheint sich abwärts zu
bewegen. Als inneres Anzeichen erscheint dem Bewußtsein
Rauch.

Die Zeichen der Auflösung des Wasserelements in das Feuer-
element

Man hat das Gefühl, daß der Körper im Wasser versinkt oder
heftiger Regen fällt. Die äußeren Anzeichen sind, daß Schweiß,

Speichel und alle Körperflüssigkeit eintrocknen. Als inneres Anzeichen erscheinen dem Bewußtsein Trugbilder.

Die Zeichen der Auflösung des Feuerelements in das Wind-element

Man fühlt sich, als ob man von Feuer umgeben ist und selbst
brennt. Das äußere Anzeichen ist, daß die Körperwärme zurück-
geht, und als inneres Zeichen sieht das Bewußtsein Erscheinungen wie Leuchtkäfer.

Die Zeichen der Auflösung des Windelements in das Bewußt-sein

Man hat das Gefühl, als ob ein Tornado mit einer solchen Kraft
gewütet hat, daß er einen selbst und die gesamte Erde zerstört
hat. Der Körper fühlt sich wie ein Baumwollflaum an, der vom
Wind hin- und hergeweht wird. Das äußere Anzeichen ist, daß
das Einatmen schwierig wird, während das Ausatmen lang ist.
Als inneres Anzeichen scheint das Bewußtsein ein im Wind
schwankendes Licht zu sehen.

Die Zeichen der Auflösung der fünf Skandhas:

Das Form-Skandha

- Wenn sich das Form-Skandha auflöst, ziehen sich die
  Glieder zusammen, und der Körper wird schwächer.
- Wenn sich die spiegelgleiche Weisheit auflöst, werden die
  Augen trübe.
- Wenn sich das Erdelement auflöst, wird der Körper
  schmächtiger.
- Wenn sich das Sinnesbewußtsein der Augen auflöst, wird
  das Öffnen und Schließen der Augen schwierig.
- Wenn sich die sichtbaren Formen auflösen, weicht die
  Farbe aus dem Körper. (Der Autor bezieht sich hier eher
  auf die bewußtseinsmäßige und nicht so sehr die materielle
  Form)

Das Empfindungs-Skandha

- Wenn sich das Empfindungs-Skandha auflöst, nehmen die Gallen-, die Wind- und die Schleimenergie sowie die Kombination dieser drei Energien, die die Grundlage der fünf Sinne sind, ab.
- Wenn sich die Weisheit der Gleichheit auflöst, trocknen Speichel, Schweiß und andere Körperflüssigkeiten ein.
- Wenn sich das Sinnesbewußtsein der Ohren auflöst, können keine Klänge mehr vernommen werden.

Das Unterscheidungs-Skandha

- Wenn sich das Unterscheidungs-Skandha auflöst, geht die Erinnerung an unsere menschlichen Beziehungen verloren.
- Wenn sich die unterscheidende Weisheit auflöst, schwindet die Erinnerung an die Namen unserer Eltern und Verwandten.
- Wenn sich das Feuerelement auflöst, stellt der Körper die Verdauung ein. Damit nimmt die Fähigkeit des Einatmens ab, während das Ausatmen lang und geräuschvoll wird.
- Wenn sich das Sinnesbewußtsein der Nase auflöst, verliert man die Bewußtheit über den eigenen Körpergeruch.

Das Skandha der Geistesfaktoren

- Wenn sich das Skandha der Geistesfaktoren auflöst, wird der Körper bewegungsunfähig.
- Wenn sich die handlungsvollendende Weisheit auflöst, verblaßt die Erinnerung an alles weltliche Handeln.
- Wenn sich das Windelement auflöst, lösen sich die Hauptwinde und die fünf Nebenwinde in sich selbst auf. Zu dieser Zeit lösen sich die Wahrnehmung der Berührung und die Wahrnehmung des eigenen Körpers auf, da sich die Winde, die diese tragen, aufgelöst haben.
- Wenn sich das Sinnesbewußtsein der Zunge auflöst, schwillt die Zunge an, wird kurz und färbt sich an ihrer Wurzel bläulich.

- Wenn sich die Geschmacksobjekte auflösen, können die
  sechs Geschmäcker nicht mehr wahrgenommen werden.

Zu diesem Zeitpunkt ist die Auflösung der zwanzig groben Anzeichen abgeschlossen.

Das Bewußtseins-Skandha

Wenn sich das Bewußtseins-Skandha auflöst, treten nacheinander
folgende Erscheinungen auf:

- Rauch (das Erdelement löst sich im Wasser auf)
- Trugbilder (das Wasserelement löst sich im Feuer auf)
- Leuchtkäfer (das Feuerelement löst sich im Wind auf)
- ein schwankendes Licht im Wind (das Windelement löst
  sich im Bewußtsein auf).

Kurz gesagt, wir scheinen durch unzählige nicht ausdrückbare
Erfahrungen zu gehen, die unser Geist nicht kontrollieren kann.
Die Auflösung der Elemente bedeutet, daß sie ihre Funktion verlieren. Zum Beispiel stehen das Fleisch, die Knochen und alle
weiteren festen Bestandteile unseres Körpers in Beziehung zum
Erdelement. Wenn dieses sich auflöst, verliert der Körper seine
Farbe und kann nicht mehr funktionieren. Das Blut und alle
weiteren Körperflüssigkeiten stehen in Beziehung zum Wasserelement. Mit seiner Auflösung verlassen Speichel, Urin und andere Körperflüssigkeiten ohne Kontrolle den Körper. Gleichzeitig mit der Auflösung dieser beiden Elemente endet zuerst der
äußere und dann der innere Atem.

Zu diesem Zeitpunkt lösen sich auch die drei subtilsten Teile des
Geistes auf. Wenn sich das Bewußtsein in den Geisteszustand der
weißen Erscheinung auflöst, bewegt sich der weiße Tropfen, den
man vom Vater empfangen hat, vom Scheitel-Chakra zum Herzzentrum und man sieht eine große Helligkeit, die dem Himmel
bei Vollmond gleicht. In diesem Zustand lösen sich die dreiunddreißig Gedanken, die mit Abneigung verbunden sind, auf, und
man erkennt die Leerheit. Wenn man in diesem Zustand verweilt, erlangt man *Nirmanakaya*. Verweilt man dort nicht, geht
die Phase der weißen Erscheinung in die Phase des roten Anwachsens über.

Der rote Tropfen, den man von der Mutter empfangen hat, bewegt sich nun vom Nabel-Chakra zum Herz-Chakra hin aufwärts, und man erfährt ein intensives Rot, das einer strahlenden Morgenröte gleicht. In diesem Zustand lösen sich die vierzig Gedanken, die mit Begierde verbunden sind, auf. Dies ist die Zeit der größeren Leerheit. Wenn man in diesem Zustand verweilt, kann man *Sambhogakaya* erlangen. Verweilt man dort nicht, geht die Phase des roten Anwachsens in die Phase des schwarzen Beinahe-Erlangens über.

Wenn die zwei Tropfen im Herz-Chakra mit dem Bewußtsein zusammentreffen, erfährt man eine Dunkelheit, die mit dem Nachthimmel bei Neumond vergleichbar ist. Zu dieser Zeit lösen sich die sieben Gedanken, die mit der Unwissenheit verbunden sind, auf. Dies ist die Zeit der größten Leerheit. Wenn man in diesem Zustand verweilt, kann man *Dharmakaya* erlangen. Die Dauer dieser Phase der Dunkelheit ist unbestimmt: man kann in ihr einen Moment oder bis zu drei Tagen verweilen.

Wenn sich die Phase des schwarzen Beinahe-Erlangens in das Klare Licht auflöst, verläßt das Bewußtsein die zwei Tropfen. In diesem Zustand sieht man einen sehr klaren Himmel, der dem Himmel kurz vor Tagesanbruch gleicht. Dies ist der Zustand der allesdurchdringenden *Leerheit*, der auch als die "Erlangung des Dharmakaya im Tod" oder als die "Begrüßung *Vajrasattvas* zum Zeitpunkt des Todes" bezeichnet wird. Für alle, die *Mahamudra* praktiziert und realisiert haben, ist es wie das Treffen eines Freundes oder wie das Zusammenkommen des klaren Lichtes der Mutter und des Sohnes. Derjenige, der in diesem Zustand verweilen kann, erlangt die Buddhaschaft und tritt nicht in den folgenden Bardo ein.

Wenn man nicht in diesem Zustand verweilen kann, können alle, außer denjenigen, die die *fünf schweren unheilsamen Handlungen* begangen haben, durch das Anreifen der Früchte von heilsamen Handlungen oder durch die Hilfe ihrer Lehrer oder ihr eigenes starkes Streben in ein Buddha-Land eintreten. Es gibt fünf große Buddha-Länder und viele kleinere, wie z.B. *Tushita*. Da der Eintritt in das Dewachen den größten Nutzen hat, sollte man seinen

Geist auf dieses westliche Buddha-Land richten und danach dieses
Streben eingerichtet halten. Diejenigen, die große Hingabe zu
ihrem spirituellen Lehrer oder eine Stabilität in der aufbauenden
Phase der *Yidam*-Praxis haben, können während des Sterbepro-
zesses meditieren. Diejenigen, die nicht in der Meditationspraxis
geübt sind, können zum Zeitpunkt des Todes nicht in diesem
Zustand verweilen.

Nach der Erscheinung des Klaren Lichts wendet sich das Bewußtsein wieder den Drei Geistesgiften zu, die den achtzig Gedanken den Weg öffnen. Auf diese Weise nimmt man einen
Bardo-Körper an, und das Bewußtsein verläßt den physischen
Körper.

Zum Zeitpunkt des Todes sollte der Sterbende mit dem Kopf
nach Norden gelegt und auf ein Kissen gestützt werden. In seiner
Nähe sollte sich ein Abbild der Drei Juwelen befinden. *Lamas*
sollten nahe bei ihm sitzen und *Mantras* des Buddha *Rinchen
Tsuk Tor Chen*, Mantras der *sieben Medizin-Buddhas* sowie die
Namen anderer Buddhas und Bodhisattvas und besondere Mantras rezitieren. Der Segen, der durch das Rezitieren der Namen
entsteht, ist außerordentlich groß und er verschließt die Tore zu
den niederen Bereichen und hilft dem Sterbenden, den Pfad der
Befreiung zu betreten.

Bei denjenigen, die ein gutes Verständnis und eine Praxis haben,
verläßt das Bewußtsein zum Zeitpunkt des Todes den Körper
durch das Scheitel-Chakra. Sie werden in einem Buddha-Land
wiedergeboren und von Gottheiten und spirituellen Lehrern
empfangen werden. Dies nennt man den direkten aufsteigenden
Weg, den Körper zu verlassen, da man durch ihn den Bardo
vermeidet und die Buddhaschaft erlangt. Ein sichtbares Zeichen
ist das Hervortreten von Flüssigkeit am Scheitel-Chakra. Gleichzeitig treten der weiße und rote Tropfen aus den Nasenlöchern
aus.

Diejenigen, die stark negatives Karma angesammelt haben, werden, nachdem ihr äußerer Atem aufgehört hat, vom Herrn des
Todes am Nacken gepackt und in die niederen Bereiche hinun-
tergezogen, in denen es keinerlei Freiheiten gibt. Dies nennt man

den direkt abfallenden Weg, den Körper zu verlassen, bei dem man ebenfalls nicht den Bardo erfährt. Die Anzeichen dafür sind, daß der Körper einen schlechten Geruch hat, die Augen gelb werden sowie Urin und Stuhl den Körper unkontrolliert verlassen. Die Körperwärme, die dem Feuerelement zugeordnet wird, entweicht über die Körperglieder. Wenn sich der Atem und die Bewegungen, die dem Windelement zugeordnet sind, auflösen, kann man nicht mehr atmen, und ein vor die Nasenlöcher gehaltenes Stück Watte bewegt sich nicht mehr.

Diejenigen, die heilsames Karma angesammelt und Erfahrungen in der Lehre gemacht haben, werden von den Lamas, Gottheiten, *Dakas und Dakinis* empfangen. Selbst Personen, die beim Sterben eines solchen Wesens anwesend sind, erleben ein Gefühl des Friedens und der Hingabe.

Ein Mensch, der stark negatives Karma angesammelt hat, wird vom Herrn des Todes empfangen, der ihn wild anschaut, mit Seilen und eisernen Haken herumzerrt, vor sich hergejagt und fürchterliche Laute ausstößt. Im diesem Fall erleben diejenigen, die bei dem Sterbenden sind, ebenfalls Angst, und sie sehen, daß der Sterbende große Schmerzen hat und sich seine Glieder zusammenziehen.

Jeder Sterbende, der Belehrungen erhalten hat, sollte sich, sobald sich die Elemente auflösen, auf die Drei Juwelen und seine Praxis konzentrieren und sich nicht von Schmerzen ablenken lassen. Dies ist auch der Zeitpunkt für die Menschen um ihn herum, die *Phowa*-Zeremonie durchzuführen. Wenn sie feststellen, daß der Sterbeprozeß beendet ist, können sie den Körper berühren und die Yidam-Praxis durchführen, damit der Verstorbene in einem Buddha-Land wiedergeboren wird. Dies bezeichnet man als die Praxis des Bardo Sambhogakaya. Vor diesem Zeitpunkt ist es am besten, den Körper nicht zu berühren. Dies ist der Grund, warum in Tibet und anderen Ländern der Körper nach dem Eintreten des Todes für einige Zeit nicht bewegt wird. Da das Bewußtsein für einige Zeit im Körper bleibt, könnte es sein, daß es Anhaftung an die Vorstellung des Lebens in diesem Körper bekommt, wenn man den Körper bewegt. Es können Anhaftung,

Haß und Begierde entstehen, wodurch eine Wiedergeburt in den
niederen Bereichen verursacht wird. Dies schadet der sterbenden
Person und deren *La*, was wiederum zu Schwierigkeiten für den
führen kann, der den Sterbenden gestört hat. Deshalb ist es also
am besten, den Körper eine Zeit lang nicht zu bewegen.

Bei manchen Personen wird der Eintritt des Todes von dem
Moment an gerechnet, wenn der Atem aufhört, bei anderen bestimmt man ihn erst drei Tage nach dem Aufhören des Atems.
Wir wissen nicht genau, wie lange die Phase des schwarzen Beinahe-Erlangens dauert. Daher können wir den Eintritt des Todes
von dem Zeitpunkt an berechnen, in dem die Atmung aufhört.
Zu dieser Zeit sollten wir dem Sterbenden seinen Todesprozeß
erklären, indem wir ihn an seine Praxis erinnern und ihn war-
nen, daß er nicht an den drei Geistesgifte anhaften soll. Dieses
führen wir drei Tage lang durch. Danach können wir ihn zwei
Wochen lang in den Bardo des Dharmata einweisen, indem wir
ihn daran erinnern, daß all die Erscheinungen der friedvollen und
furchterregenden Gottheiten nur Projektionen seines eigenen
Geistes sind und er sich deshalb nicht zu fürchten braucht.

Nach Ablauf dieser zwei Wochen konzentrieren wir uns gemeinsam mit dem Verstorbenen auf den Bardo des Werdens, indem
wir ihn daran erinnern, wie er auf die bestmögliche Weise seine
Wiedergeburt wählen kann und daß er sich darauf konzentrieren
soll. Innerhalb der nächsten fünf Wochen sollten wir einmal
wöchentlich am Todestag der Person besondere Rituale durchführen.

Insgesamt beträgt die Zeit im Bardo vom Aufhören der Atmung
an sieben Wochen. Wenn wir die Praxis zu spät ausführen, wird
sie dem Verstorbenen nicht helfen. Wenn wir sie früher ausführen, wird sie ihre guten Wirkungen bewahren, bis sie gebraucht
werden. Jeder verbleibt mindestens sieben Tage im Bardo und
manche auch bis zu sieben Wochen. Nach Ablauf der ersten sieben Tage erfährt jedes Wesen einen kleinen Tod. In einigen Fällen findet danach aufgrund spezieller Rituale oder der Reifung
früherer Verdienste eine Wiedergeburt statt. Geschieht dies
nicht, wiederholen sich alle Erfahrungen des Bardo.

Der Bardo des Dharmata oder der Bardo der friedvollen und zornvollen Gottheiten

Jeder, der mit negativem Karma in den Bardo eintritt, wird die fünf trügerischen Lichter sehen. Wenn er in diesen Lichtern verweilt, wird er in einem der *sechs Bereiche* wiedergeboren.

Wird er in einem niederen Bereich wiedergeboren, kann er kurz erkennen, wo und von wem er im nächsten Leben geboren wird, während seine Erinnerung an das frühere Leben verblaßt. Um die Tore zu den niederen Bereichen zu schließen, ist es wichtig, Wunschgebete zu sprechen und den Verdienst zu widmen, damit man in einem reinen Buddha-Land wiedergeboren wird.

Diejenigen mit gutem Karma werden die fünf Weisheitslichter der Erleuchtung sehen. Wenn sie in diesen Lichtern verweilen, können sie in einem der *fünf Buddha-Länder* wiedergeboren werden:

- verweilen sie im weißen Licht, werden sie im zentralen Buddha-Land wiedergeboren
- verweilen sie im blauen Licht, werden sie im östlichen Buddha-Land wiedergeboren
- verweilen sie im gelben Licht, werden sie im südlichen Buddha-Land wiedergeboren
- verweilen sie im roten Licht, werden sie im westlichen Buddha-Land wiedergeboren
- verweilen sie im grünen Licht, werden sie im nördlichen Buddha-Land wiedergeboren.

Sie werden das Angesicht des Buddha sehen, in dessen Land sie eingehen, sie werden die Lehren dieses Buddha praktizieren und schließlich die Erleuchtung erlangen.

Wenn man eine Woche im Bardo verbleibt, verbringt man dreieinhalb Tage im höheren und dreieinhalb Tage im niederen Bardo, verbleibt man dort sieben Wochen, sind es dreieinhalb Wochen im höheren und dreieinhalb Wochen im niederen Bardo.

Es gibt im Bardo sechs eindeutige und sechs nicht-eindeutige Zeichen, vier schreckliche Geräusche und drei gefährliche Abgründe:

Die sechs eindeutigen Zeichen sind:

1. da man nur einen subtilen Körper hat, wirft er keinen Schatten
2. man kann allein durch seine Gedanken jeden Ort augenblicklich erreichen
3. man kann nicht von Wesen mit physischem Körper gesehen werden (außer von solchen, die über die Gabe des Hellsehens verfügen)
4. man kann die Gedanken anderer lesen
5. gemeinsam erscheinende positive und negative Gottheiten urteilen über das Karma
6. man kann kein Essen genießen, außer wenn es von anderen geopfert wurde.

Die sechs nicht-eindeutigen Zeichen sind:

1. die Körpergröße bewegt sich zwischen 30 cm und der Durchschnittsgröße eines fünfjährigen Kindes
2. man verweilt an verschiedenen Plätzen, wie auf einem Berg, an einem Strand oder in einem Haus (entweder einem früher bewohnten oder in irgendeinem anderen)
3. man befindet sich in der Gesellschaft von lebenden oder verstorbenen Freunden oder von bekannten oder unbekannten Menschen
4. man ist mit viele Arten von Aktivitäten beschäftigt

5. man ernährt sich von verschiedenen Gerüchen, wie etwa von etwas Verbranntem

6. man ist zufrieden oder leidet.

Durch diese nicht-eindeutigen Zeichen wandert das Bewußtsein ziellos umher. Da im Bardo-Körper keine Kanäle (Adern, Chakras) vorhanden sind, um das Bewußtsein zu halten, wird es vom Windelement durchdrungen und hat nicht genügend Kontrolle, um an einem Ort zu bleiben. Man kann es mit einem Reiter auf einem wilden Pferd vergleichen, der keine Kontrolle durch Zügel hat.

Weil im Bardo-Körper keine weiße und rote Lebensenergie vorhanden ist, gibt es im Bardobereich weder Sonne noch Mond. Daher erscheint nur ein dämmriges Licht, das ein Gemisch aus Dunkelheit und Licht ist. Während man in diesem Dämmerlicht umherirrt, fühlt man sich durch die vier Elemente bedroht.

Die vier schrecklichen Geräusche sind:

1. die Erde verursacht ein Geräusch, das dem Zusammenstürzen eines Berges gleicht

2. das Wassers hört sich an wie von ein tobender Ozean

3. das Feuer hört sich an, als ob ein Wald in Flammen stünde

4. der Wind hört sich an, als würde die Erde von einem Tornado zerstört.

Die **drei Abgründe** werden wie folgt beschrieben: aufgrund der drei Geistesgifte hat man das Gefühl, als ob man gleich von einer hohen Klippe fällt, die von weißer, roter oder schwarzer Farbe sein kann. Man fühlt sich, als ob man vielen verschiedenen Arten von bedrohlichen Situationen gegenübersteht.

Wenn man in seinem früheren Leben negative Handlungen, wie das Töten von fühlenden Wesen, begangen hat, wird man im Bardo von diesen Wesen verfolgt werden. Man sieht auch die Diener des Yama (Herrn des Todes), und das dämmrige Licht des Bardo wird immer dunkler. Diejenigen, die mehr tugendhaftes Karma haben, erkennen die friedvollen und zornvollen Gottheiten als ihre eigenen Projektionen. Mit Hilfe der Gottheiten können sie den Pfad zu einem Buddha-Land oder zu anderen höheren Bereichen beschreiten, und das Licht wird heller.

Man bezeichnet den Zustand, in dem man seinen vorherigen Körper verlassen und noch keinen neuen ergriffen hat, als Bardo. Während der Zeit in diesem Zwischenzustand sieht man vieles aus seinem früheren Leben, besonders während der Zeit im höheren Bardo. Man sieht sein Haus und auch seine Verwandten, aber da man weder mit ihnen sprechen noch essen kann, erkennt man, daß man seinen Körper verlassen hat. Dadurch fühlt man sich unglücklich. Wenn man außerdem noch seine Verwandten trauern und weinen sieht, bekommt man Angst und flieht. Verhalten sie sich dem Tod gegenüber gleichgültig, fühlt man sich verwirrt.

Der Bardo des Werdens

Während man sich im Bardo befindet, ist es wichtig, das Tor zur Wiedergeburt zu verschließen. Für ein Wesen mit positivem Karma ist es möglich, durch das Mitgefühl der Lehrer und der erleuchteten Gottheiten in einem höheren Bereich wiedergeboren zu werden. Man sollte bestrebt sein, seine Wiedergeburt bewußt zu wählen und die niederen Bereiche zu vermeiden.

Das Licht der Erleuchtung absorbiert das dämmrige Licht des Bardo.

- Verweilt man im weißen Licht, wird man in den Götterbereich geführt
- Verweilt man im roten Licht , wird man im Halbgötterbereich wiedergeboren
- Verweilt man im blauen Licht, wird man im Menschenbereich wiedergeboren
- Verweilt man im grünen Licht, wird man im Tierbereich wiedergeboren
- verweilt man im gelben Licht, wird man im Bereich der hungrigen Geister wiedergeboren
- verweilt man im rauchfarbenen Licht, wird man im Höllenbereich wiedergeboren.

Daher ist es weise, wenn man sich auf eine Wiedergeburt in den höheren Bereichen, insbesondere im Menschenbereich, konzentriert und die drei niederen Bereiche vermeidet.

Die Anzeichen für den Bereich, in den man geht, sind folgendermaßen:

- wenn man die Empfindung hat, sich aufwärts zu bewegen, geht man in die höheren Bereiche

- wenn man die Empfindung hat, sich abwärts zu bewegen, geht man in die niederen Bereiche
- wenn man die Empfindung hat, sich geradeaus zu bewegen, wird man im Tierbereich wiedergeboren

Außerdem sieht man folgende Anzeichen:

- Im Götterbereich sieht man angenehme Aufenthaltsorte
- im Halbgötterbereich sieht man Wälder
- im Tierbereich sieht man Erdlöcher und Felsenhöhlen
- im Bereich der hungrigen Geister sieht man Unrat und enge dunkle Stollen
- im Höllenbereich sieht man geschmolzenes Metall.

Darum muß man sich darauf konzentrieren, nicht in die niederen Bereiche oder den Halbgötterbereich zu gehen. Innerhalb des menschlichen Bereichs erkennt man **vier Kontinente**:

- im östlichen Kontinent (Große Wesen) sieht man einen See mit Schwänen
- im westlichen Kontinent (Wunscherfüllende Kühe) sieht man einen See mit Pferden
- im nördlichen Kontinent (Unangenehme Klänge) sieht man einen See mit Rindern
- im südlichen Kontinent (*Jambudvipa*) sieht man tugendhafte Wesen, Männer und Frauen in Vereinigung und angenehme Orte.

Obwohl auch die ersten drei Kontinente zum menschlichen Bereich gehören, ist es schwierig, dort mit den Lehren in Berührung zu kommen. Daher sollte man eine Wiedergeburt im südlichen Kontinent (*Jambudvipa*) wählen.

Man sollte den Geist darauf ausrichten, die Wiedergeburt im Schoß einer Frau anzunehmen, die sich auf einem spirituellen Pfad befindet und selbst den Belehrungen folgt, um zum Wohle aller fühlenden Wesen die Erleuchtung zu erlangen. Das ist die Praxis des Nirmanakaya. Durch das Zusammenkommen einer festen Motivation, einem spirituellen Pfad zu folgen, einem karmischen Geistkörper des Bardo und einsgerichteter Gebete kann man alles erreichen, was man sich wünscht. Dies ist der Bardo des Werdens.

In allen Bereichen gibt es **vier verschiedene Arten des Werdens**:

1. die spontane Geburt
2. die Geburt aus dem Mutterleib
3. die Geburt aus dem Ei
4. die Geburt aus Wärme und Feuchtigkeit.

Die spontane Geburt erfolgt hauptsächlich in den Buddha-Ländern und in den Höllenbereichen, aber gelegentlich auch im Bereich der hungrigen Geister und im Menschenbereich.

Die Geburt aus dem Mutterleib gibt es hauptsächlich im Menschen- und Tierbereich.

Die Geburt aus dem Ei und aus Wärme und Feuchtigkeit findet in erster Linie im Tierbereich statt, letztere hauptsächlich unter Insekten.

Allgemein sollte man auf die erleuchteten Gottheiten und die Lehrer meditieren, die Vergänglichkeit des Bardo-Prozesses bedenken und sich auf die Wiedergeburt im Dewachen konzentrieren. Diese drei Dinge sollten immer bedacht werden. Zum Zeitpunkt des Todes sollten diejenigen, die einen umgeben, spezielle Mantras und die Namen der Buddhas und Bodhisattvas ins Ohr sagen. Man sollte auch Ermächtigungen erhalten und Zuflucht nehmen. Diese Vorbereitung sind sehr wichtig.

Unmittelbar nach Eintritt des Todes ist die Praxis des Phowa und auch das sieben Wochen andauernde Rezitieren von Ritualgebeten wichtig. Wenn diese Rituale durchgeführt werden, ist es notwendig, daß kein negatives Karma oder unreine Gedanken auftreten. Die Lamas, die sie durchführen, müssen Liebe und Mitgefühl gegenüber dem Gestorbenen haben. Der unvergleichliche Segen der Buddhas und Bodhisattvas sowie die Wirkungen der *Sadhana*, die sieben Wochen durchgeführt wird, sind hilfreich und äußerst wichtig. Dabei sollte man die ortsüblichen Regeln beachten.

Dies sind die unmittelbaren Erklärungen zu den drei unterschiedlichen Stufen des Bardo; sie sind keineswegs nur Hörensagen.

Dieser Text wurde auf die Bitte von Mayor Tsewang Bum aus den Gesammelten Werken (Gsun 'Bum) des Nying Zong Tri-pa Könchog Don Drub Chowang wiedergegeben.

2. TEIL

MEDITATIONEN

UND

GEBETE

Buddha Shakyamuni

Hinweise
zur Ausübung der Meditationen

Die in diesem Buch veröffentlichten *Meditation*stexte und Gebete wurden von Khenpo Könchog Gyaltsen Rinpoche aufgrund ihrer kurzen und übersichtlichen Form ausgewählt. Sie enthalten wesentlichen Elemente einer Meditationspraxis des *Vajrayana* und geben einen Einblick in den Aufbau tibetischer Meditationen.

Zur regelmäßigen Praxis der Visualisierungen und der *Mantra*-Rezitationen, die Hauptbestandteile der folgenden Meditationen sind, ist es erforderlich, die drei Übertragungen für die entsprechende Meditation zu erhalten:

- *Ermächtigung* des Vajrayana (tib. Wang)
- Übertragung zur Rezitation der *Sadhana* (tib. Lung)
- Erklärungen zur Praxis (tib. Tri)

Diese Vorbereitungen ermöglichen es, durch den Segen der ununterbrochenen Übertragungslinie die Realisationen der Praxis zu verwirklichen.

Der Meditationstext ist eine Zusammenfassung der tiefgründigen Erklärungen zur regelmäßigen Übung und dient als Gedächtnisstütze. Es ist notwendig für die Ausübung einer Meditation detailliertere Erläuterungen von einem Lehrer zu erhalten, die dem persönliche Fortschritt in der Praxis entsprechen.

Die im folgenden aufgeführten Gebete können jederzeit gesprochen werden. Zur Entwicklung eines tieferen Verständnisses ist es auch hier hilfreich ausführliche Belehrungen zu den Gebetstexten zu erhalten. Wenn man Vertrauen und Hingabe zu der jeweiligen Gottheit entwickelt und die Worte bewußt rezitiert, sind sie eine Stütze der Praxis und schützen vor Hindernissen und negativen Einflüssen.

Die Methode als solche ist ohne Fehler, jedoch kann sich nur bei korrekter Anwendung die eigentliche Wirkung entfalten. Ein verantwortungsbewußter und sorgfältiger Umgang mit der Praxis und die Anleitung durch einen spirituellen Lehrer sind daher Grundvoraussetzungen für eine kontinuierliche Entwicklung. Auf allen Stufen ist es wichtig, daß die allgemeinen Grundlagen buddhistischer Praxis ausreichend entwickelt werden, da sie der Meditation als Fundament die nötige Stabilität geben.

KURZE CHENRESIG-MEDITATION ZUR REGELMÄSSIGEN PRAXIS

Der Bodhisattva der Liebe und des Mitgefühls

(Skrt. Avalokiteshvara; tib. Chenresig)

Gebet an Kyobpa Jigten Sumgön

In Ehrerbietung verbeuge ich mich
vor dem unvergleichlichen *Kyobpa Jigten Sumgön Ratnashri*,
der eine Inkarnation von *Arya Nagarjuna* und
die Verkörperung der Buddhas der *Drei Zeiten* ist:
Lurigdron und Dipankara (Vergangenheit),
Shakyamuni (Gegenwart) und Maitreya (Zukunft).

Zufluchtnahme und Erzeugung des Erleuchtungsgedankens

Voller Vertrauen nehme ich Zuflucht zum Buddha, dem Lehrer,
Dharma, der Lehre und
Sangha, der ausgezeichneten Gemeinschaft.
Von nun an werde ich die reine Motivation entwickeln,
um alle fühlenden Wesen,
die alle schon einmal meine Mutter waren,
in den Zustand der höchsten Erleuchtung zu führen.

(wiederhole dies dreimal)

Leerheitsmantra

OM SVABHAVA SHUDDA SARVA DHARMA SVABHAVA
SHUDDO HANG

Die Eigennatur aller Dharmas (gesamte Wirklichkeit) ist Rein-
heit-*Leerheit*. Verbleibe in diesem ursprünglichen Zustand.

Visualisation

Aus der allesdurchdringenden Leerheit erscheint eine Lotusblüte
mit einem Mondscheibensitz. Auf diesem Thron sitzt man selbst
in der *Lotus-Haltung* in der Form von Chenresig, der von weißer
Farbe ist und vier Arme hat. Die zwei oberen Hände sind am
Herzen zusammengelegt und halten das *wunscherfüllende Juwel*.

Die untere rechte Hand hält eine Kristall-*Mala* und die untere linke eine Lotusblume.

Chenresig ist in die heiligen Seidenroben gekleidet und trägt die kostbare fünfteilige Krone und anderen Schmuck. Diese Form ist *Sambhogakaya*, der vollkommene Freudenkörper, der alle glückverheißenden Merkmale eines Buddha besitzt.

Im Herzzentrum von Chenresig befindet sich eine Mondscheibe, in deren Mitte der Buchstabe HRI steht. Um das HRI ist das *Mantra* (OM MANI PADME HUNG) im Uhrzeigersinn angeordnet. Licht strömt vom Mantra aus und wird den Buddhas und *Bodhisattvas* in den Buddha-Ländern geopfert. Der Segen von Mitgefühl und Weisheit kehrt in Form von Licht aus den Buddha-Ländern zurück und wird in einem selbst absorbiert. Alle Befleckungen von Körper, Rede und Geist sind gereinigt.

Wieder strahlt Licht vom Mantra aus und beseitigt das Leiden und die Unwissenheit aller Wesen der sechs Bereiche, die dadurch zu Chenresig, dem Großen Mitfühlenden, werden. Alle fühlenden Wesen rezitieren zur gleichen Zeit das Mantra.

Gebet an Chenresig

Dein Körper strahlt ohne Makel und rein,
über Deinem Kopf thront Buddha *Amitabha*,
voller Mitgefühl schaust Du auf die Wesen,
Chenresig, zu Dir bete ich.

Mantra-Rezitation

OM MANI PADME HUNG / HRI

(Rezitiere das Mantra sooft wie möglich)

Auflösung

Alle inneren und äußeren Phänomene lösen sich in einem selbst auf und man selbst löst sich in Licht auf, das dann nicht-duali-

stisch mit der alles durchdringenden Leerheit wird. Verweile für
einige Zeit im natürlichen Zustand des Geistes.

Anschließend erscheint man selbst wieder als der Bodhisattva
Chenresig.

Abschließende Wunsch- und Widmungsgebete

Möge ich durch diesen Verdienst
schnell Chenresig verwirklichen, und
mögen alle fühlenden Wesen ohne Ausnahme
den glorreichen Zustand von Chenresig erreichen.

Mögen die Lehren des Großen *Drikungpa, Ratnashri,*
dem allwissenden Herrn des Dharma und
dem Meister des Abhängigen Entstehens,
unaufhörlich durch Studium, Analyse und Meditation gedeihen
bis zum Ende des Samsara.

Der höchst kostbare und ausgezeichnete Erleuchtungsgeist:
wo er ungeboren ist, möge er entstehen,
wo er geboren ist, möge er nicht abnehmen,
sondern mehr und mehr anwachsen.

ERKLÄRUNGEN ZUM
MANTRA VON CHENRESIG

OM MANI PADME HUNG

Das geheime *Sechs-Silben-Mantra* OM MANI PADME HUNG vereinigt die Kraft der Weisheiten (transzendentalen Bewußtheiten) aller Buddhas in sich und erfüllt mit der Essenz der Energie allen Mitgefühls und aller Aktivität des Höchsten All-Sehenden[4].

OM ist weiß. Diese Silbe verkörpert die Qualitäten und entfaltet sich aus der Dynamik der *fünf Buddha-Weisheiten*. Sie hat die Natur der Vollkommenheit geistiger Stabilität (Konzentration).

Die Befleckung Stolz verursacht allgemein Leiden und ist besonders für das Leid des Herabfallens aus den Götterbereichen verantwortlich. OM beseitigt sowohl den Stolz als auch die aus ihm resultierenden Leiden. Es repräsentiert die völlige Gleichheit von Form und Aktivität des mächtigen *Indra*, der im Götterbereich die Emanation des Weisen[5] ist. Es verkörpert die Gegenwart der Weisheit der Gleichheit. Es führt die sechs Arten von Wesen in das Land der Herrlichkeit im Süden, in dem sie die Form des aus dem Juwel Geborenen Buddha (*Ratnasambhava*) erlangen.

MA ist grün. Es ist die Silbe der Aktivität und entfaltet sich aus der Dynamik der unendlichen Liebe, die das Höchste Mitgefühl für alle fühlenden Wesen empfindet. Seine Natur ist die Vollkommenheit der Geduld.

---

[4]   Beiname von Chenresig
[5]   Chenresig

Eifersucht verursacht Leiden, insbesondere das des Streits und der Zwietracht unter den Halbgöttern. MA beseitigt sowohl diese Art der Befleckung als auch deren Folgen. Es repräsentiert die völlige Gleichheit von Form und Aktivität des Takzangri, der Emanation des Weisen unter den Halbgöttern. Es verkörpert die Gegenwart der Vollendenden Weisheit. Es führt die sechs Arten von Wesen in das Land des Vollkommenen Wirkens im Norden, in dem sie die Form des Buddhas der Bewußten Verwirklichung (*Amoghasiddhi*) erlangen.

NI ist gelb. Es ist die Silbe der unwandelbaren Weisheit, die Körper, Rede, Geist, Eigenschaften und Aktivität in sich vereint, und die Samsara in seiner Bestehensweise in die Sphäre des *Nirvana* transformiert. Es entfaltet sich aus der Dynamik des grenzenlosen, alles durchdringenden und anstrengungslosen Höchsten Mitgefühls. Seine Natur ist die Vollkommenheit der Ethik und Moral.

Unwissenheit, welche duales Denken hervorbringt, ruft auch die vier Leiden im menschlichen Bereich hervor: Geburt, Alter, Krankheit und Tod. NI beseitigt sowohl diese Ursache als auch ihre Folgen. Es repräsentiert die völlige Gleichheit von Form und Aktivität des Buddha Shakyamuni, der Emanation des Weisen unter den Menschen. Es verkörpert die Gegenwart der aus sich selbst entstandenen Weisheit. Es führt alle Wesen in das Land der Wiederkehr, in die vollkommen reine Sphäre der Phänomene, in dem sie die Form des sechsten Buddhas, des *Vajra*-Halters (*Vajradhara*) erlangen.

PAD ist himmelblau. Es ist die Silbe des Körpers und entfaltet sich aus der Dynamik des unermeßlichen Gleichmuts höchsten Mitgefühls. Ihre Natur ist die Vollkommenheit der Freudigen Anstrengung.

Tiere leiden an Unfreiheit, Primitivität und Dumpfheit - all dies geht aus Dummheit hervor. PAD beseitigt sowohl die Dummheit als auch ihre Folgen. Es repräsentiert die völlige Gleichheit von Form und Aktivität des Standhaften Löwen, des Weisen unter den Tieren. Es verkörpert die Gegenwart der *Dharmadhatu*-Weisheit. Es führt die sechs Arten von Wesen in das Land der Festen Gestaltung im Zentrum, in dem sie alle die Form des Buddhas der Strahlenden Verwirklichung (*Vairocana*) erlangen.

ME ist rot. Es ist die Silbe der Sprache und entfaltet sich aus der Dynamik der grenzenlosen Freude, daß sich Höchstes Mitgefühl in allen Wesen gleichermaßen findet. Seine Natur ist die Vollkommenheit der Freigebigkeit.

Anhaftung verursacht die Leiden des Hungers und des Durstes im Bereich der *Pretas*. ME beseitigt diese Verunreinigungen und die aus ihnen resultierenden Leiden. Es repräsentiert die völlige Gleichheit von Form und Aktivität des Flammenden Mundes, des Weisen unter den Pretas. Es ist die Verkörperung der Gegenwart der Unterscheidenden Weisheit. Es zieht alle Wesen in das Land der Glückseligkeit im Westen, in dem sie die Form des Buddhas des Grenzenlosen Lichtes (*Amitabha*) erlangen.

HUNG ist blauschwarz. Es ist die Silbe des Geistes und entfaltet sich aus der Dynamik des unendlichen Mitgefühls, dem Höchsten Mitgefühl, das jedes Wesen als das eigene Kind betrachtet. Seine Natur ist die Vollkommenheit der Weisheit.

Die Leiden an Hitze und Kälte in den Höllen werden durch Zorn, der an der Dualität festhält, verursacht. HUNG beseitigt diese Ursachen und ihre Folgen. Es repräsentiert die völlige Gleichheit von Form und Aktivität des Herrn der Phänomene, der Emanation des Weisen unter den Höllenwesen. Es ist die Verkörperung der Gegenwart der Spiegelgleichen Weisheit. Es führt die sechs Arten von Wesen in das Land der Wahrhaftigen Freude im Osten, in dem sie die Form des Buddha der Unerschütterlichkeit (*Akshobhya*) erlangen.

OM MANI PADME HUNG

Diese sechs Silben bilden den König der Mantras. Sie bringen die Einheit der Kraft und der Stärke unendlicher Aktivität hervor, die die sechs Arten von Wesen aus dem Abgrund des Samsara herausführen.

Rezitiere also das Mantra im Hauptteil einer Meditationssitzung so oft wie möglich.

OM ist die Silbe, die die fünf Aspekte der Weisheit zusammenfaßt. MANI bedeutet Juwel und PADME Lotus: "Er, der Juwel und Lotus besitzt", ist ein Beiname für den Heiligen All-Sehenden. HUNG ist der Klang, die Aktivität, die allen sechs Arten von Wesen Zuflucht vor dem Leiden bietet.

Rezitiere deshalb diese sechs Silben so oft wie nur möglich, während du ins Gebet vertieft bist:

> "Ich bitte die Verkörperung der *fünf Formen*
> und der *fünf Weisheiten*[6],
> Ihn, der Juwel und Lotus hält,
> um Schutz vor dem Leiden
> für die Wesen in den sechs Bereichen."

OM MANI PADME HUNG

ist der Ausdruck der Fülle des unmittelbaren Wissens aller Buddhas. Die Anweisungen, die in jeder der sechs Silben enthalten sind, und die die Essenz aller Meister des Geheimen der *Fünf Buddha-Familien* sind, sind die Quelle aller Qualitäten und des tieferen Glücks, die Wurzel aller heilsamen und glücklichen Vollendungen - sie sind der großartige Pfad, der zu höheren Existenzen und zur Freiheit führt.

"Wenn man auch nur einmal diese sechs Silben vollkommener Rede hört, die Zusammenfassung des vollständigen Dharma, wird man den Zustand der Nicht-Wiederkehr erlangen und zu einem Meister werden, der die Wesen befreit. Mehr noch, sollte irgendein Tier, und sei es eine Ameise, dieses Mantra hören, bevor es stirbt, wird es, nachdem es aus seiner Existenz befreit ist, im Land der Glückseligkeit wiedergeboren werden. Wenn man sich auch nur einmal die sechs Silben in Erinnerung ruft, ist es

---

[6] hier: der Bodhisattva Chenresig

wie das Scheinen der Sonne auf frisch gefallenen Schnee:
alles Üble und alle Verdunkelungen, verursacht durch unheilsame Handlungen, die im Samsara seit anfangsloser
Zeit angehäuft wurden, werden beseitigt, und man wird
im Land der Glückseligkeit wiedergeboren werden. Selbst
durch die Berührung der Silben des Mantras erhält man
die Ermächtigungen unzähliger Buddhas und Bodhisattvas.
Wenn das Mantra auch nur einmal nach dem Hören,
Nachdenken und Meditieren kontempliert wird, werden
Erscheinungen als der Wahrheitskörper (*Dharmakaya*) erkannt, und der Schatz der Aktivität zum Wohle aller Wesen öffnet sich."

DIE SCHATZKAMMER
DER WOHLTAT UND DES GLÜCKS

Lobpreis mit Körper, Rede und Geist
an den Großen Mitfühlenden[7]

Ein Wunschgebet für sich und andere
von Könchog Ratna,
dem ersten Drikung Kyabgön Chetsang Rinpoche
(1590-1654)

NAMO LOKESHVARAYA

Verkörperung der Weisheit und des Mitgefühls der *Sugatas* der
Drei Zeiten;
Nirmanakaya, gesegnet durch Buddha *Amitabha*,
höchst vollendet in Streben, Ausführung und Mitgefühl;
Buddha-Söhne[8] und *Arhat*-Schüler gemeinsam mit
Yidams, Dharmapalas und den *Drei Juwelen*; die höchste
Zuflucht;
Gemeinschaft der Großen Mitfühlenden;
zahlreich wie die Atome des Universums;
unerschöpfliche Quelle guter Eigenschaften zum Wohle der
Wesen;
Helft mir, das uneigennützige Denken zu vollenden.

Ich, meine Verwandten, mein Gefolge und meine Schüler
und andere, lebend oder tot, die Vertrauen zu mir haben;

---

[7] Chenresig
[8] Bodhisattvas und Schüler des Buddha

die entschlossen sind, sich zu befreien und hoffen, Glückseligkeit
    zu erlangen,
und um dies zu erreichen, mir auf vielerlei Weise dienen und
    helfen;
die die vier Arten der Opferungen durchführen und mir den
    Platz geben, an dem ich wohne;
Gehilfen, die sich mit Körper, Rede und Geist bemühen, die
    notwendige Nahrung und Kleidung, die Getränke und die
    Opfergaben aus Fleisch zu besorgen;
die, um zu überleben, jene töten, die sie bedrohen,
und sich mit Gewalt nehmen, was sie benötigen;
jene, die mich stützen, jene, die mich hindern und jene, die
    neutral sind;
jene, die ich gesehen oder von denen ich gehört habe, an die ich
    mich erinnere oder mit denen ich auf verschiedene Weise in
    Berührung kam;
die Wesen der drei Bereiche...

Wenn unser Leben sich dem Ende zuneigt und wir uns Yama,
    dem Herrn des Todes nähern,
wird uns nichts helfen, und wir werden wegen unserer
    unheilsamen Handlungen große Reue erleben.
Mögen wir die Erscheinung des *Bardo* als Illusion erkennen.
Wende das Unglück einer niederen Geburt von uns.
Empfange uns durch das *Phowa*, Chenresig.

Durch den Tod kann die Erscheinung des Bardo dämmern.
Wenn alle Projektionen als Feinde erscheinen;
gleich einem Wanderstock, der die unebene Strecke glättet,
sei uns ein unzertrennlicher Führer, Chenresig.

Unter dem Einfluß von Begierde und Haß,
betrachten wir niedere Zustände als etwas Gutes.
Wenn wir beginnen, an diesen Projektionen anzuhaften,
verschließ die Tür zu den *Raksha*inseln in den niederen
    Bereichen,
und verbinde uns mit dem Juwel einer menschlichen Geburt,
    Chenresig.

Einige verbrennen und kochen in Höllen
und leiden viele *Kalpas* unter diesen unerträglichen Feuern.
Schenke das Wasser der Liebe und den erfrischenden Regen des
    Mitgefühls,
und vertreibe das Feuer des Hasses, Chenresig.

Einigen, im Bereich der hungrigen Geister, fehlt es an Speise und
    Trank.
Mögen sie durch einen endlosen Strom von Schätzen aus deiner
    Hand zufriedengestellt werden,
und mögen deine Finger die Knoten ihrer Anhaftung lösen,
    Chenresig.

Einige, im Tierbereich, fressen sich gegenseitig.
Sie werden wegen ihres Fleisches oder ihrer Haut benutzt und
    getötet.
Wenn sie in die undurchdringliche Dunkelheit der Unwissenheit
    eingehüllt werden,
entzünde die Fackel der Weisheit, Chenresig

Einige, im Bereich der eifersüchtigen Götter, kämpfen, führen
    Krieg
und leiden hilflos in der Schlacht.
Möge der kühle Schatten des großen Berges der Gleichmütigkeit
den Wind des Neides fernhalten, Chenresig.

Einige erfreuen sich der Glückseligkeit im Bereich der Götter.
Sorglos den vergehenden Jahren gegenüber, sterben und fallen
    sie.
Mögen sie auf dem wunderbaren Schiff des Mitgefühls
das Meer der Begierde überqueren, Chenresig.

In den Ozean der *drei Arten des Leidens*,
in dem sich die Wellen des Ergreifens und Haltens wie Tänzer
    bewegen,
werden die Menschen von den vier Strömen Geburt, Alter,
    Krankheit und Tod gespült.
Rette sie mit dem eisernen Haken des Mitgefühls, Chenresig.

Von den Eltern des Selbst-ergreifens werden Kinder geboren,
die den Panzer des Ergreifens und Festhaltens tragen.
Sie werfen einen Regen von Waffen der *fünf Gifte*.
Führe diese *Maras* zum Dharma, Chenresig.

Wie eine Fliege vom Schmutz angezogen wird,
so betrachten wir das Samsara als Glück
und bitten dort pausenlos mit Körper, Rede und Geist die
    Ursachen von Leid zu uns.
Beende dieses sinnlose Tun, Chenresig.

Mögen alle Wesen einen für die Religion geeigneten Körper
    erlangen
und mit wirklichen Spirituellen Freunden zusammensein.
Mögen sie diese achten, und möge sich ihr Geist durch deren
    Belehrungen entwickeln.
Mögen sie diese als den Buddha sehen, Chenresig.

Nachdem sie die Bedeutung des *Absoluten und* des *Relativen
    Dharma* durch das Hören verstanden haben,
nachdem sie das *Samadhi der Geistigen Ruhe* und die *Einsicht
    durch Kontemplation* verwirklicht haben,
und nachdem sie die Verwirklichung der Sicht ohne Begrenzung
    durch Meditation erlangt haben,
mögen sie die Mutter[9], den Geist als solchen, erkennen,
    Chenresig.

Indem wir die Saat der Sittlichkeit durch die Kraft des
    entsagenden Geistes setzen,
wachsen die Blätter und Zweige des Bodhicitta zum Wohl der
    anderen.
Daraus entstehen die Blüten der Entwicklungs- und der
    Vollendungsphase des geheimen Mantra.
Führe die Frucht der *Drei Übungen* zur Reife, Chenresig.

---

[9] Prajnaparamita, die ursprüngliche Weisheit aller Buddhas.

Mögen wir gewissenhaft danach handeln, was anzunehmen und
was aufzugeben ist
und die *Zwei Ansammlungen* durch die Übung der *Sechs
Vollkommenheiten* vermehren.
Wir sind gefesselt durch die *Acht Weltlichen Dharmas* und unsere
Erwartung, großen Ruhm zu erlangen.
Mögen wir das Seil dieser Anhaftung zerschneiden, Chenresig.

Mögen wir vollständig die Qualitäten der *Stufen und Pfade*
verwirklichen,
und den Zustand der Buddhas erlangen, die alle Fehler beseitigt
haben und die höchsten Qualitäten besitzen.
Nach dem Erreichen des Nirmanakaya,
mögen wir spontan zum Wohle anderer wirken, Chenresig.

In all meinen Beziehungen, guten oder schlechten,
zu allen fühlenden Wesen, insbesondere meinen Eltern;
möge ich nicht eher die Erleuchtung erlangen als sie.
Möge ich zu ihrem Wohle wirken wie du es tust, Chenresig.

Durch Unwissenheit verfehlen die Wesen den Pfad und werden
durch Leiden gequält.
Sie sind schwierig zu zähmen und nicht für die Errettung durch
die Buddhas der Vergangenheit ausersehen.
Möge meine Entfaltung von *Bodhicitta* zum Wohle der Wesen
sein,
und die der Buddhas der *Drei Zeiten* übertreffen, Chenresig.

Möge mein Leiden ausreichend sein,
für das größere Leiden aller Wesen,
und möge ich ihnen all meine Tugend und mein Wohlergehen
opfern.
Möge ich mit Freude mein Leben zum Wohle anderer hingeben,
Chenresig.

Mit einem Geist unerschütterlichen Gleichmuts gegenüber allen,
seien sie nun höherer, geringer oder gewöhnlicher Art,

möge ich das Karma jener reinigen, die mit Haß, einer
   Giftschlange gleich, Schaden verursachen,
und möge ich sie vollständig befreien, Chenresig.

Mögen wir unablässig nur an das Wohl anderer denken
und auch nicht nur einen Augenblick an unser eigenes
   Wohlbefinden.
Wenn negative, dem Dharma entgegenstehende Gedanken
   aufsteigen,
verwandle sie in Dharma, Chenresig.

Durch die Kraft der reinen Weite des Dharma[10] und der Drei
   Juwelen, die ohne Täuschung sind;
durch die Kraft der verwirklichten Gottheiten und des
   uneigennützigen Denkens;
und durch das Verdienst von *Samsara* und *Nirvana*;
Durch die Wahrheit all dessen möge dieses Wunschgebet schnell
   in Erfüllung gehen, Chenresig.

Möge ich durch dieses Gebet immer und ohne Unterbrechung
   dem ruhmreichen Lama vieler Leben
und dem Höchsten *Padmapani*, dem Sugata der Drei Zeiten,
   folgen.
Möge dies schnell verwirklicht werden, Chenresig.

Dieses Bittgebet an den *Arya*[11] wurde so zum eigenen Wohle und
zum Wohle anderer vom *Bhikshu* Könchog Ratna, der von Chökyi Gyalpo, dem Drikung-Vajradhara, auserwählt wurde, aufge-
schrieben. Mögen die Verdienste anwachsen!

---

[10] *Mahamudra*, die absolute Wirklichkeit der Phänomene
[11] hier: der Bodhisattva Chenresig

Buddha Amitabha-Meditation zur regelmässigen Praxis

Der Buddha des Grenzenlosen Lichtes

(Skrt. Amitabha; tib. Öpame)

Zufluchtnahme und Erzeugung des Erleuchtungsgedankens

In Ehrerbietung nehme ich Zuflucht
zu den *Drei Juwelen* und den *Drei Wurzeln*,
die die Quelle aller Zufluchtsobjekte sind.
Ich entwickle den Erleuchtungsgeist,
um alle Wesen auf die Stufe der Buddhaschaft zu bringen.

(wiederhole dies dreimal)

Visualisation

In der Mitte einer wassergeborenen Lotusblüte erscheint man selbst als der weiße *Bodhisattva Chenresig*. Im Raum vor einem erscheint ein Lotus- und Mondscheibenthron, auf dem der Herr des Grenzenlosen Lichtes, Buddha *Amitabha*, sitzt. Er ist von roter Farbe, hat ein Gesicht und zwei Arme; er ruht in der *Samadhi-Mudra* und hält eine Bettelschale. Gekleidet in die *Dharma-Roben* sitzt er in der *Vajra-Haltung*.

Zu Amitabhas Rechten steht der Mächtige Herr des Universums, Chenresig, von weißer Farbe, mit einem Gesicht und vier Armen. Die ersten zwei Hände sind an seinem Herzen zusammengelegt; die zweite Linke hält einen Lotus und die zweite Rechte eine Kristall-*Mala*. Er steht auf einer Mondscheibe, die auf einer Lotusblume ruht.

Zu Amitabhas Linken steht *Vajrapani*, die Verkörperung der Kraft der Buddhas, von blauer Farbe mit einem Gesicht und zwei Händen. Er hält ein *Vajra* in seiner rechten Hand und eine *Glocke* in seiner linken. Er steht auf einer Mondscheibe, die auf einer Lotusblume ruht.

Diese drei Erscheinungen sind von vielen Buddhas, Bodhisattvas und *Shravaka-Arhats* umgeben. Licht strahlt von den *Drei Silben*, die sich an der Stirn, der Kehle und dem Herzen dieser drei Hauptgottheiten befinden, aus, steigt zum Land der großen Glückseligkeit auf und lädt die Weisheitsgottheiten ein.

Anrufung und Opferung

OM AMI DEWA HRI/
BADZRA SAMA DZA/ DZA HUNG BAM HO/
TISHTA LHÄN/ A TI PU HO/
OM HUNG TRAM HRI A/ A BHI KHEN TSA MAM/

ARGHAM/ PADYAM/ PUSHPE/ DHUPE/
ALOKE/ GANDHE/ NEVIDHYE/ SHAPTA
A HUNG/

Lobpreis an Buddha Amitabha

O Herr!
Du drehst das Rad des Dharma im *Dewachen*,
während Du beständig mit großem Mitgefühl
auf alle Wesen schaust und sie befreist,
wie Du es vor Dir selbst versprochen hast;
mit großer Ehrerbietung und Lobpreisung
verbeuge ich mich vor Dir,
der Du in der Samadhi-Mudra sitzt -
Herr des Grenzenlosen Lichtes.

Von den Körpern der versammelten Gottheiten strahlt Licht
zum Land der Großen Glückseligkeit, und vom *Dewachen*
kommen Buddha Amitabhas, göttliche Silbengirlanden (*Mantras*)
und unermeßliche geistige Attribute zurück, die herabregnen
und mit einem selbst verschmelzen.

Bittgebet

Mit einsgerichteter Hingabe bete ich
zum unvergleichlichen Buddha des Grenzenlosen Lichtes,
Amitabha,
zum Großen Mitfühlenden, Chenresig,
zum Mächtigen, Vajrapani,
und zu allen Buddhas und Bodhisattvas.
Bitte gewährt mir all die höchsten *Siddhis* und
segnet mich mit der Realisation Eurer Essenz.

Mantra-Rezitation

OM AMI DEWA HRI

(Rezitiere das Mantra sooft wie möglich)

Auflösung

Die Visualisation vor einem löst sich nun in Licht auf, das in einem selbst absorbiert wird. Man erscheint dann in der Form von Buddha Amitabha, wie ein Regenbogen am Himmel. Verweile in diesem natürlichen Zustand der Nicht-Dualität von Klarheit und *Leerheit* (Meditiere in dieser Weise so lange wie möglich).

Kurzes Dewachen-Gebet

E MA HO (Ausruf des Erstaunens)

Vor uns befindet sich der wunderbare Buddha des Grenzenlosen
 Lichtes, Amitabha,
zu seiner Rechten der Herr des Großen Mitgefühls (Chenresig)
zu seiner Linken der Herr der Großen Macht (Vajrapani).
Diese sind umgeben von unzähligen Buddhas und Bodhisattvas.
Unermeßlicher Friede und unermeßliches Glück sind das
 glückselige reine Land, das Dewachen heißt.

Mögen ich und alle Wesen, nachdem wir dieses Leben verlassen
 haben, gleich dort wiedergeboren werden und keine Geburt
 in Samsara annehmen.
Möge ich das Glück haben, Buddha Amitabha von Angesicht zu
 Angesicht zu begegnen.
Möge durch die Kraft der Buddhas und Bodhisattvas der Zehn
 Richtungen, dieses von mir gesprochene Wunschgebet ohne
 Hindernisse in Erfüllung gehen.

Widmung

Der höchst kostbare und ausgezeichnete Erleuchtungsgeist:
 wo er ungeboren ist, möge er entstehen,
 wo er geboren ist, möge er nicht abnehmen,
 sondern mehr und mehr anwachsen.

GEBET ZUR
WIEDERGEBURT IM DEWACHEN

von *Kyobpa Jigten Sumgön*

Im Westen über uns
liegt das reine Buddha-Land Dewachen.
Ich verbeuge mich vor dem Höchsten Buddha
und den unzähligen Bodhisattvas, die dort verweilen,
vollkommen vollendet im Streben.

(Dieses Land besitzt) einen grenzenlosen, ebenen Juwelengrund
mit Meeren, Bergen, Tälern und Kontinenten, ohne Unterschied
    (in ihren guten Qualitäten):
strahlend, freudevoll und angenehm.
Mögen wir in diesem reinen Buddha-Land geboren werden.

Es besteht aus vielfältigen Juwelen und ist geschmückt mit
    Bäumen
und Flußtälern, die mit duftendem Wasser und juwelenbesetzten
    Lotusblumen gefüllt sind.
Es ist voll angenehmer Düfte und reich an Blumen und
    Früchten.
Mögen wir in diesem höchsten, prächtigen Land geboren
    werden.

Ausstrahlungen in der Form von Vögeln verkünden dort den
    Klang des Dharma.
Ein Blumenregen fällt herab, bewegt durch angenehmen Wind.
Die Landschaft ist weich, strahlend und anziehend.
Mögen wir in diesem glückbringenden Land geboren werden.

Aus den Bäumen, Flußtälern und Lotusblumen

steigen angenehme Formen, Klänge, Gerüche, Geschmäcker und
körperliche Empfindungen wie eine Wolke aus Opfergaben
auf.
Dadurch vergrößern sich Freude und Glückseligkeit.
Mögen wir in diesem wunscherfüllenden Land geboren werden.

Von allem strahlt eine Vielfalt von Licht aus.
Dort ist der Körper des Buddha, vollständig geschmückt mit den
Haupt- und Nebenmerkmalen.
Er gibt tiefgründige Unterweisungen, die den gesamten Raum
erfüllen.
Mögen wir in diesem reinen Dharma-Land geboren werden.

Nicht einmal die Worte "niedere Bereiche", "eifersüchtige
Götter" oder "ungünstige Bedingungen" können dort
vernommen werden.
Es gibt dort keine Frauen[12], noch die Geburt aus dem
Mutterleib[13].
Es gibt dort nicht einmal die geringsten widerstreitenden
Gefühle, Leiden oder Karma.
Mögen wir in diesem fehlerfreien Land geboren werden.

Obwohl (die Wesen dort) die Namen von "Göttern" oder
"Menschen" tragen, unterscheiden sich ihre Körper nicht.
Sie sind von goldener Farbe und mit den Haupt- und
Nebenmerkmalen geschmückt.
Ihre *fünf Hellsichtigkeiten* und *fünf Augen* sind ungetrübt.
Mögen wir in diesem Land der absolut vollkommenen Wesen
geboren werden.

Sie sind frei von Anhaftung an den Ort, den Besitz und selbst an
ihren Körper.
Was immer sie sich wünschen, erfüllt sich ohne Anstrengung.

---

[12] Damit ist nicht gemeint, daß es im Dewachen keine weiblichen Körper
gibt; es gibt viele Göttinnen und Dakinis in diesem Bereich.

[13] Da alle Wesen im Dewachen auf wunderbare Weise aus einem Lotus geboren werden erfolgt keine Geburt aus dem Mutterleib.

Alle erfreuen sich des tiefgründigen Dharma des *Höchsten Fahrzeugs.*
Mögen wir in diesem Land des vollständigen *Mahayana* geboren werden.

Durch wunderbare Kräfte können sie zu unendlich vielen Buddha-Ländern gelangen.
Ein Wolkenmeer von Opfergaben erscheint in ihren Händen.
Sie machen Opferungen an alle Buddhas, bringen die Wesen zur Reife und befreien sie.
Mögen wir in diesem höchsten Land der *Nirmanakayas* geboren werden.

Es gibt dort 1600 ausgezeichnete Bodhibäume,
die "Voll entfalteter, kostbarer Lotus" genannt werden.
Sie sind mit vielen Girlanden aus Blumen und Früchten geschmückt.
Indem wir sie sehen, mögen wir alle guten Qualitäten erlangen.

Der kostbare Boden ist mit vielen Blumen bestreut.
In seiner Mitte befinden sich blühende Lotusblumen.
Sie sind frisch, glänzend und strahlend.
Mögen wir dieses höchste Lotusland erschauen.

Oberhalb dieses (Bodens) sitzt Buddha Amitabha und zu seiner Rechten der Bodhisattva Chenresig.
Zu seiner Linken befindet sich der Bodhisattva Vajrapani und um sie herum unzählige Bodhisattvas.
Mögen wir dieses (Buddha-Land) erschauen.

Er hat grenzenloses Licht, grenzenlose Würde,
grenzenloses Leben und eine grenzenlose Sangha.
Er ist von Kostbarkeiten und vielen Bodhisattvas umgeben.
Mögen wir in diesem Land des Höchsten Buddha wiedergeboren werden.

Geboren in diesem höchsten Lotusland,
mögen wir die *göttlichen Augen,* die *göttlichen Ohren,*

die Erinnerung an unsere früheren Leben und höchsten Verstand
besitzen.
Mögen wir diese höchsten, wunderbaren Kräfte erlangen.

Indem wir den absolut vollkommenen Buddha sehen,
den Herrn der Welt,
mögen wir mit Hingabe seinen tiefgründigen Dharma empfangen
und die *zehn Bhumis* augenblicklich vervollkommnen.

Indem sich die Prophezeiung des *Sugata* Amitabha erfüllt,
mögen wir den Millionen von Buddhas Opfergaben darbringen.
Durch Reisen zu zahlreichen Buddha-Ländern aufgrund
wunderbarer Kräfte
mögen wir allen Buddhas Opferungen darbringen und die Wesen
zur Reife bringen und befreien.

Diese Welt besitzt unvorstellbar große Glückseligkeit.
Die Wesen (dort) besitzen unvorstellbar große Glückseligkeit.
Der Buddha und seine Söhne bringen unvorstellbare
Manifestationen hervor.
Mögen wir in diesem unvorstellbar höchsten Land geboren
werden.

Zur Zeit des Todes
mögen wir Buddha Amitabha und sein Gefolge mit großer
Hingabe visualisieren.
Mögen wir sterben, ohne sie auch nur einen Augenblick zu
vergessen.
Mögen wir spontan im Dewachen wiedergeboren werden.

Durch die Gemeinschaft der überaus glückseligen *Dakas und
Dakinis*
mögen wir wohl aufgenommen werden mit verschiedenartigen
Wolken aus Opfergaben,
bestehend aus Sonnenschirmen, Siegesbannern, Baldachinen und
den Klängen von Musik.
Mögen wir in diesem himmlischen Ort geboren werden.

Der Bodhisattva *Bhikshu* Dharmakara
besaß Bewußtheit, Verstand, Verwirklichung,
große Weisheit und Freudige Anstrengung.
Mögen wir vollbringen, was er tat.

Durch die große Wahrheit der Drei Juwelen,
durch den reinen Segen der Weite des Dharma,
durch die Kraft der Ursache der Tugend, die ohne Täuschung ist,
durch das Streben des uneigennützigen Bodhicitta,
und durch die Kraft der Verdienste, die bereits angesammelt
    wurden und die noch anzusammeln sind,
mögen wir dieses Streben tatsächlich vollenden.

Ich bitte den Buddha Amitabha inständig.
Edler Chenresig, halte mich fest mit deinem großen Mitgefühl.
Bodhisattva Vajrapani, gewähre mir deinen Segen.
Führe uns mit deinem Weisheitslicht in dieses Land.
Führe uns mit dem Licht deines Mitgefühls in dieses Land.
Führe uns durch die Kraft deiner Aktivitäten in dieses Land.

Im Westen liegt
das Buddha-Land von Buddha Amitabha.
Alle, die seinen Namen (in ihrem Herzen) bewahren,
mögen sie in diesem höchsten Land geboren werden.

So wie ein Lotus nicht vom Schlamm beschmutzt ist,
mögen die drei Bereiche nicht von Verfehlungen beschmutzt
    sein.
Aus dem Lotus der Existenz
mögen wir im Dewachen geboren werden.

KURZE MEDITATION DER WEISSEN TARA

Die Beschützerin des Langen Lebens

(Skrt. Tara; tib. Dölma)

Der Strom von Nektar

Nicht im Osten aufgehend,
nicht in Gestalt eines Tieres erscheinend,
doch mit einem Lächeln aus Lichtstrahlen,
wodurch sich die nachtblühende Lilie der Weisheit
in meinem Geist öffnet.
Ich verbeuge mich vor *Tara* und gebe mich in ihre Hand.

(Wer immer die Meditation der Weißen Tara auszuüben
wünscht, sollte an einem geeigneten Ort einen Altar mit Opfergaben und ihrem Bildnis errichten. Der Praktizierende rezitiert
die Zufluchtsgebete in der richtigen Haltung an einem angenehmen Platz.)

Zufluchtnahme und Erzeugung des Erleuchtungsgedankens

Ich und alle fühlenden Wesen nehmen Zuflucht
zur edlen Gemeinschaft der Bhagavati-Gottheiten,
die die Verkörperung von Buddha, Dharma und Sangha sind,
bis die Erleuchtung erreicht ist.

(wiederhole dies dreimal)

Mögen alle fühlenden Wesen,
die unsere Mütter gewesen sind,
und deren Anzahl so grenzenlos ist wie der Himmel,
Glück besitzen und frei von Leiden sein.
Ich will ihnen schnell helfen,
den vollendeten Zustand von Tara zu erreichen.

(wiederhole dies dreimal)

Visualisation

Zuerst meditiert man in dem Zustand, der frei von der Dualität
von Subjekt und Objekt ist.

Aus diesem Zustand der *Leerheit* erscheint ein riesiger *Vajra*-Schutzkreis. In der Mitte eines Palastes befindet sich ein blühender Lotus, auf dem eine Mondscheibe ruht. Auf der Mondscheibe steht die leuchtend weiße Silbe TAM, die Licht zum Wohle aller fühlenden Wesen ausstrahlt. Das Licht kehrt zurück und verschmilzt mit der Silbe TAM. Augenblicklich wird man selbst zu Tara, die die Farbe eines Schneeberges hat. Sie lächelt, hat ein Gesicht, zwei Arme und eine angenehme Gestalt. Sie ist in seidene Gewänder gekleidet und mit Juwelen geschmückt. Ihre rechte Hand zeigt die *Mudra* des Gebens und in der linken Hand hält sie einen blauen Lotus. Ihre Beine sind anmutig in der *Vajra-Haltung* gekreuzt, und hinter ihr befindet sich eine Mondscheibe.

Aus den drei besonderen Stellen strahlen die *drei Silben* Licht aus, um die vielen heiligen Gottheiten aller Richtungen einzuladen, die dann vor uns im Raum erscheinen. Man bringt Opferungen und Lobpreisungen dar, und durch die Silben DZA HUNG BAM HO verschmelzen alle erleuchteten Wesen untrennbar mit uns.

Wieder strahlt Licht von der Keimsilbe im Herzen aus und lädt die *Ermächtigungs-Buddhas* ein, die die Ermächtigungen geben und mit uns verschmelzen.

In einem selbst als Tara befindet sich im Herz-Chakra ein Rad, in dessen Mitte die weiße Silbe TAM steht und auf dessen acht Speichen das Mantra angeordnet ist. Während das Mantra rezitiert wird, dreht es sich im Uhrzeigersinn.

Mantra-Rezitation

Langes Mantra:

OM TARE TUTTARE TURE MAMA AYUR-JNANA
PUNYE PUSHTING KURU SVAHA

Kurzes Mantra:

OM TARE TUTTARE TURE SVAHA

Auflösung

Nach den Opferungen und dem Lobpreis löst man sich im Zustand der Nicht-Dualität auf. Mögen durch die Verdienste dieser Praxis alle fühlenden Wesen die Essenz von Arya Tara verwirklichen und ihren vollkommenen Zustand erreichen.

Die Übung wird versiegelt durch Wunsch und Widmungsgebete und Gebete zum Teilen des Verdienstes.

Diese kurze Arya Tara *Sadhana* wurde von Vajradhara Könchog Trinlay Sangpo im Padma Woe Palast auf die Bitte des Ehrwürdigen Namdak Dorje verfaßt.

Mögen alle fühlenden Wesen durch dieses Verdienst die Erleuchtung erlangen.

BITTGEBET AN DIE TARAS, DIE SIEBEN SCHÜTZERINNEN

Im ungeborenen *Dharmadhatu*
verweilt die ehrwürdige Mutter, die Gottheit Tara.
Sie schenkt allen fühlenden Wesen Glück.
Ich bitte sie, mich vor allen Ängsten zu schützen.

Weil man sich selbst nicht als *Dharmakaya* erkennt,
ist der Geist von den *Kleshas* überwältigt.
Unsere Mütter, die fühlenden Wesen, irren in Samsara umher
- bitte beschütze sie, göttliche Mutter.

Wenn der wahre Sinn des *Dharma* nicht im Herzen geboren ist,
folgt man nur den Worten (in ihrer herkömmlichen Bedeutung).
Manche sind durch Dogmen getäuscht
- bitte beschütze sie, vollkommene Mutter.

Es ist schwierig, den eigenen Geist zu erkennen.
Manche erkennen ihn, aber praktizieren nicht.
Ihr Geist verstrickt sich in weltlichen Aktivitäten
- bitte beschütze sie, göttliche Mutter der Besinnung.

Nicht-duale Weisheit ist der aus sich selbst geborene Geist.
Durch die Gewohnheit des Greifens nach der Dualität
sind einige gefesselt, ganz gleich, was sie tun
- bitte beschütze sie, Göttin der nicht-dualen Weisheit.

Obgleich manche in *Shunyata* verweilen,
verwirklichen sie die gegenseitige Abhängigkeit von Ursache und
    Wirkung nicht.
Sie haben kein Verständnis der wahren Bedeutung der
    Wissensobjekte
- bitte beschütze sie, allwissende göttliche Mutter.

Die Natur des Raums ist ohne Grenzen und
nichts ist davon verschieden.
Dennoch (erkennen) Praktizierende und Schüler (dies nicht)
- bitte beschütze sie, vollkommene Buddha-Mutter.

Als Kyobpa Jigten Sumgön, nachdem er die Buddhaschaft erlangt
hatte, in der Echung-Höhle weilte, hatte er eine Vision der sieben
Taras. Zu jener Zeit verfaßte er dieses Bittgebet. Dieses Gebet hat
vielfältigen, großartigen Segen.

Dieser Text wurde zum Wohle aller fühlenden Wesen als Teil
des Drikung Kagyü Text Project gestaltet. Dieses Projekt dient
der Übersetzung, dem Erhalt und der Verbreitung der Praxis der
Drikung-Kagyü-Linie.

KURZE MEDITATION DES MEDIZIN-BUDDHA

Der Heilende Buddha

(Skrt. Bheshaya-Guru; tib. Sangye Menla)

Gebet an Kyobpa Jigten Sumgön

Ich verbeuge mich zu den Füßen
des ausgezeichneten Eroberers, Jigten Sumgön,
der, obwohl er für unzählige Zeitalter erleuchtet ist,
sich durch Weisheit und Mitgefühl
in grenzenlosen Emanationskörpern manifestiert,
um die Krankheit der *Fünf Gifte*
in allen fühlenden Wesen zu heilen.

Zufluchtnahme und Entwicklung des Erleuchtungsgedankens

Ohne nachzulassen, nehme ich voller Respekt
durch die *drei Tore* Zuflucht
zum Buddha, zum Dharma
und zur vortrefflichen Gemeinschaft der Sangha.

Ich entwickle die Geisteseinstellung,
daß ich alle fühlenden Mutterwesen,
die von Leiden gequält werden,
zur höchsten Erleuchtung führen werde.

(wiederhole dies dreimal)

Visualisation

Vor uns, hoch im Raum, befindet sich ein Löwenthron, auf dem ein Lotus mit einem Sonnen- und einem Mondscheibensitz ruht. Auf der Mondscheibe sitzt der Medizin-Buddha, der eine blaue Körperfarbe wie das *Vaidurya-Juwel* hat. In seiner rechten Hand hält er einen Medizinbaum und in seiner linken eine mit Nektar gefüllte Bettelschale. Er erscheint in der *Nirmanakaya*-Form, ist mit allen *Haupt- und Nebenmerkmalen* ausgestattet und strahlt heilendes Licht aus. Ihn umgeben *Lamas, Yidams,* die *Sieben Sugatas* und andere, sowie Buddhas und Bodhisattvas, (so zahlreich wie) Staubteilchen im Sonnenlicht.

Von den *drei Stellen* der Gottheiten strahlt Licht in alle Richtungen aus und lädt die Weisheitswesen ein. Das Licht kehrt zurück und wird von den Gottheiten aufgenommen, die die Verkörperung der Weisheit, des Mitgefühls, der Kraft und der Aktivität sind, um die Krankheiten aller fühlenden Wesen zu beseitigen.

Opferungen

OM SARVA TATHAGATA SAPARIWARA
ARGHAM / PADYAM / PUSHPE / DHUPE /
ALOKE / GANDHE / NEVIDHYE / SHAPTA
PRATITSA YE SVAHA

Lobpreis

Ich verbeuge mich vor dem Medizin-Buddha und preise ihn,
der das heilende Licht des Vaidurya-Juwels ausstrahlt und
der *Bhagavan* ist, der das Mitgefühl besitzt,
das alle fühlenden Wesen umfaßt.
Er beseitigt das Leiden der niederen Bereiche, und
durch das bloße Hören seines Namens
heilt er die Krankheit der drei Gifte.

Ich reinige das negatives Karma,
das ich seit anfangslosen Zeiten angehäuft habe
und erfreue mich an allen tugendhaften Handlungen.
Ich bitte Dich inständig,
das *Rad der Lehre* der *Drei Yanas* zu drehen
und bis zum Ende des Samsara zu verbleiben.

Ich bitte den Bhagavan, den *Bheshaja-Guru*,
der über die ruhmvolle Vollendung
der *Zwei Errungenschaften* verfügt,
daß alle fühlenden Wesen,
gequält durch die Krankheit der drei Gifte,
von ihren Leiden befreit werden,
und daß sie sich an Frieden und Glück erfreuen mögen.

Mantra-Rezitation

Mit der Rezitation des Mantra wird der Strom der Verpflichtungen der acht Sugatas und ihres Gefolges geweckt. Aus ihren Körpern treten unzählige heilende Lichtstrahlen von Weisheit und Mitgefühl aus und durchdringen alle fühlenden Wesen (insbesondere die, auf die man seine Aufmerksamkeit richtet) und uns selbst. Sie reinigen alle Krankheiten, die durch Karma, störende Gefühle, Verdunkelungen und gebrochene *Samayas* seit anfangsloser Zeit angehäuft wurden. Auf diese Weise verwirklichen alle in einem Augenblick die verschiedenen Ebenen des *Samadhi* und die Qualitäten der Buddhas und Bodhisattvas.

TADYATHA /
OM BHEKHAZE BHEKHAZE MAHA BHEKHAZE
BHEKHAZE
RAZA SAMUNGATE SVAHA

(Rezitiere das Mantra sooft wie möglich)

Auflösung

Die Versammlung des *Mandala* verschmilzt zu Licht und löst sich in der zentralen Gestalt, dem Medizin-Buddha, auf. Weißes, rotes und blaues Weisheitslicht strahlt aus den Drei Zentren von Körper, Rede und Geist des Medizin-Buddha-Körpers aus. Es verschmilzt mit unserem Körper, unserer Rede und unserem Geist und reinigt die drei Verdunkelungen.

Der Medizin-Buddha löst sich in Licht auf und tritt durch unseren Scheitel in uns ein. Wir sind ungetrennt von dem Mitgefühl und der Allwissenheit der Buddhas und verweilen im Großen Siegel der Leerheit.

(Verweile im Zustand von *Mahamudra*).

Wunsch- und Widmungsgebete

Mögen ich und alle fühlenden Wesen
durch das Verdienst der Opferung, des Lobpreises,
der Rezitation und der Meditation
ein langes Leben ohne Krankheit verbringen.
Mögen wir zum Zeitpunkt unseres Todes
das Angesicht der Buddhas im Vaidurya-Land oder
in anderen reinen Buddha-Ländern erblicken.

Mögen ich und andere fühlende Wesen in Zukunft
in der Mitte von Lotusblüten
in Buddha-Ländern wiedergeboren werden,
und mögen wir,
nachdem wir die zwei großen Ansammlungen vollendet haben,
den höchsten Zustand der Erleuchtung erlangen.

(Rezitiere weitere Wunschgebete.)

GLOSSAR

Anmerkungen zum Glossar

Das Glossar wurde für die deutsche Übersetzung neu erstellt. Die Erklärungen gehen teilweise über die Wortbedeutungen im Text hinaus und geben allgemeine Erläuterungen der Begriffe. Die im Glossar aufgeführten Worte sind beim ersten Auftreten in jedem Kapitel *kursiv* gesetzt.

Die Umschrift der Sanskritworte folgt der international üblichen Schreibweise. Die Umschrift der tibetischen Worte wurde hier aus Gründen der Übersichtlichkeit und der einführenden Eigenschaft des Buches nicht streng nach einem System durchgeführt. Es wurde versucht, in deutscher Schreibweise der tibetischen Aussprache der Worte gerecht zu werden. Wir hoffen, dadurch einen einfacheren Einstieg zur Verwendung der Worte zu ermöglichen.

Für die Aussprache der Konsonanten in den Sanskritwörtern gelten folgende vereinfachte Aussracheregeln:

Es wird

- c wie **tsch**
- j wie **dsch**
- **sh** wie **sch**
- s wie **ß**
- v wie **w**

gesprochen.

Abhidharma: Skrt., "Höheres Wissen" über die Merkmale der *Dharmas* (Phänomene).
Die Schriften des Abhidharma gehören zum dritten der *Drei Körbe der Lehre.* Er ist die früheste Zusammenfassung buddhistischer Philosophie und Psychologie, in der die in den Reden des Buddha und seiner Hauptschüler enthaltenen Lehren und Analysen psychischer und geistiger Phänomene systematisch angeordnet sind.
Der Abhidharma spiegelt die Lehrauffassungen der einzelnen buddhistischen Schulen wider, indem er Interpretationen und Erklärungen der in den *Sutras* vorkommenden Begriffe liefert. Er dient vor allem dem Studium der Lehre.

Abhidharmakosha: Skrt., "Schatzhaus des Höheren Wissens", eine wichtige Schrift der Vaibashika-Lehrmeinung, die von Vasubandhu im 5. Jh. verfaßt wurde.

Absoluter und Relativer Dharma: Die Phänomene in ihren Zwei Bestehensweisen (Zwei Wahrheiten):
- Endgültige Wahrheit: die absolute oder letztliche Wahrheit
- Konventionelle Wahrheit: die relative oder konventionelle Wahrheit.
Mit der Konventionellen Wahrheit ist im allgemeinen das weltliche, verblendete Bewußtsein gemeint. Es ist wie eine Trübung, der die eigentliche Bestehensweise (der Phänomene) verborgen bleibt. Synonyme der Endgültigen Wahrheit sind:
- *Leerheit* (Skrt. Shunyata)
- Bereich der letztlichen Wirklichkeit (Skrt. *Dharmadhatu*)
- Einwandfrei Endgültiges (Skrt. Bhutokoti)
- Letztlich Erwiesenes (Skrt. Parinispanna)
- Soheit (Skrt. Tathata).
Die "Zwei Wahrheiten" werden von den verschiedenen Schulen des Buddhismus verschieden definiert.
Der Buddha lehrte die Schüler in verschiedenen Stufen, um sie schrittweise zur Erkenntnis der Leerheit zu führen. Durch die Anwendung der verschiedenen Methoden wird zuerst die Erkenntnis der Endgültigen Wahrheit und schließlich die Befreiung aus dem Daseinskreislauf erreicht.

Acht Glückverheißende Zeichen: Acht Kostbarkeiten:
  1. Kostbarer Schirm, das Symbol der königlichen Würde, die Unheil abhält
  2. Goldene Fische, Zeichen des Weltenherrschers

3. Kostbare Vase, gefüllt mit dem Nektar der Unsterblichkeit
4. Lotusblume, Symbol der Reinheit
5. weißes Muschelhorn, Symbol des Sieges im Kampf
6. Endlosknoten, Knoten des unendlichen Lebens
7. Fahne, Siegesbanner, Zeichen des Sieges der Religion
8. Goldenes Rad, das *Rad der Lehre.*

Acht ungünstige Bedingungen: für das Studieren und Praktizieren der Lehren, die durch die Form oder den Ort der Wiedergeburt bedingt sind. Die Wiedergeburt in einem Kostbaren Menschenkörper ist frei von diesen ungünstigen Bedingungen und ist mit den entsprechenden Acht Freiheiten ausgestattet.
(vgl. S. 32)

Acht weltliche Dharmas: Diese enthalten vier, an die wir Anhaftung haben und vier, denen wir entgehen wollen.
Die ersten vier sind Gewinn, Glück, Ehre und Lob.
Die zweiten vier sind Verlust, Leid, Schande und Tadel.

Achtzehn Qualitäten: Eigenschaften eines Kostbaren Menschenkörpers (vgl. S. 32).

Akshobhya: Skrt., (tib. Mikyöpa), "Der Unerschütterliche", einer der *Fünf Dhyani-Buddhas.* Er wird dem Osten und dem Element Wasser zugeordnet. Sein Attribut ist der *Vajra.* Entsprechend wird er der Vajra-Familie zugeordnet. Seine Farbe ist blau. Akshobhya verkörpert die spiegelgleiche Weisheit, welche die Formen aller Dinge reflektiert, ohne an ihnen zu haften, ohne von ihnen berührt oder erschüttert zu werden.

Amitabha: Skrt., (tib. Öpame), "Grenzenloses Licht", der Buddha des Grenzenlosen Lichtes, einer der *Fünf Dhyani-Buddhas.* Er wird dem Westen und dem Element Feuer zugeordnet. Sein Attribut ist der Lotus (Skrt. Padma). Entsprechend wird er der Lotus-Familie (Padma-Familie) zugeordnete. Seine Farbe ist rot. Er symbolisiert die Weisheit der Klarschau.

Amoghasiddhi: Skrt., (tib. Dönyö Drubpa), "Der sein Ziel unbeirrt verwirklicht", einer der *Fünf Dhyani-Buddhas.* Er wird dem Norden und dem Element Wind zugeordnet. Sein Attribut ist der Doppel-*vajra* und er gehört zur Karma-Familie. Seine Farbe ist grün. Er symbolisiert die Vollendende Weisheit.

Arhat: Skrt., "Feindzerstörer", jemand, der die Erleuchtung erlangt hat, der bei sich die (inneren) Feinde der *Kleshas* beseitigt hat, die auf die Unwissenheit zurückzuführen sind.
Die Arhatschaft ist im Hinayana (Skrt., "Kleines Fahrzeug") das Erreichen des Höchsten Zieles, der Höhepunkt der Vier Stufen der Vollkommenheit. Nach dem System des Mahayana (Skrt., *"Großes Fahrzeug"*) erreichen die *Shravakas* (Skrt., "Hörer") und *Pratyeka-Buddhas* (Skrt., "Alleinverwirklicher") die Arhatschaft, wenn sie den fünften der fünf Pfade (Pfad des Nicht-mehr-Lernens) erreicht haben. Diejenigen, die dem Ideal des *Bodhisattva* folgen, erreichen die *Buddhaschaft*.

Arya: (Skrt. Sotapanna), "In den Strom Eingetretener", der Erhabene, der Edle. Ein Heiliger, d.h. jemand, der mindestens den dritten der fünf Pfade (Pfad des Sehens) erlangt hat.

Avici-Hölle: Die tiefste und qualvollste der achtzehn verschiedenen Höllen.

Bardo: tib., "Zwischenzustand".
Allgemein ist dies der Zwischenzustand nach Beendigung des Lebens, bevor man wieder in einen neuen Körper eintritt. Im Zustand des Bardo werden die Wesen entsprechend ihrem *Karma* umhergeworfen (wie eine Feder im Wind). Durch die *Dharma*-Praxis kann man sich jedoch darauf vorbereiten, im Bardo die Befreiung zu erlangen.
(vgl. S. 117)

Bekenntnis-Gebete: Gebete zur Übung heilsamer Handlungen und zur Reinigung von unheilsamen Handlungen und gebrochenen Gelübden.

Bhagavan: Skrt., "der Gesegnete", der Sieger über die *Maras*; Beiname des Buddha Shakyamuni.

Bheshaja-Guru: vgl. *Medizin-Buddha*.

Bhikshu/Bhikshuni: Skrt., (tib. Gelong/Gelongma), ein vollordinierter Mönch, eine vollordinierte Nonne, Mitglied der buddhistischen *Sangha*.
(vgl. *Pratimoksha-Gelübde*)

Bodhicharyavatara: Skrt., "Pfad zur Erleuchtung", eine Schrift von Shantideva. Er schildert darin den Werdegang des Bodhisattva von der Aufnahme des Erleuchtungsgedankens (*Bodhicitta*) bis zur Gewinnung der Einsicht, entsprechend der Gruppe der Sechs Vollkommenheiten (*Sechs Paramitas*) oder Bodhisattva-Tugenden.

Bodhicitta: Skrt., "Erleuchtungsgeist", das Streben nach Erleuchtung; die jedem Wesen innewohnende Erleuchtungsfähigkeit, die Entwicklung von Liebe und Mitgefühl.

Diese außergewöhnliche Geisteshaltung bedeutet, daß man bereit ist, volle Verantwortung für die anderen auf sich zu nehmen, d.h. selbst die Last zu tragen, anderen zu helfen. Nicht nur, daß man wünscht, daß es ihnen gut gehen möge, sondern man nimmt selbst die Verantwortung auf sich, alles zu tun, was nötig ist, um anderen zu helfen. Ist Bodhicitta entfaltet, sollte man nicht ein einziges Wesen aufgeben.

Nach der tibetischen Überlieferung unterscheidet man:
1. den vorläufigen Erleuchtungsgeist (relatives Bodhicitta), der aus zwei Phasen besteht:
   - Bodhicitta des Strebens: der durch grenzenloses Mitgefühl entstandene Wunsch, zum Wohle aller Lebewesen die Erleuchtung zu erlangen
   - Bodhicitta der Ausführung: die Übung der entsprechenden Methoden, um diesen Wunsch in die Tat umzusetzen;
2. den endgültigen Erleuchtungsgeist (absolutes Bodhicitta), die Einsicht in die wahre Natur der Phänomene (vgl. *Leerheit*).
(vgl. S. 80)

Bodhisattva: Skrt., (tib. Jangchub Sempa), "Erleuchtungswesen", die den Erleuchtungsgeist entwickelt haben, d.h. sie haben gelobt, die Erleuchtung zum Wohle aller Wesen zu erlangen; auch Söhne des Buddha genannt.

Die allgemeine Darstellung im Hinayana und im *Mahayana* ist, daß es eine grundlegende Verfehlung ist, z.B. ein anderes Wesen zu töten. Darüber hinaus heißt es im Mahayana zusätzlich, daß allein schon der Gedanke, daß man die Zuneigung zu einem Wesen aufgeben will, eine grundlegende Verfehlung gegen die Zielsetzung eines Bodhisattva ist.

Die allgemeinen Tugenden eines Bodhisattva sind: die *Sechs Paramitas*, Großes Mitgefühl und der von Mitgefühl motivierte Erleuchtungsgeist.

Bodhisattva-Gelübde: Diese beinhalten das Versprechen eines Anfängers auf dem Wege zum *Bodhisattva*, die Erleuchtung zum Wohle

aller Wesen zu erreichen, um alle Wesen dadurch zur Befreiung führen zu können. Sie gehören zur Entwicklung des Erleuchtungsgeistes (Skrt. *Bodhicitta*) und werden im *Mahayana* von Ordinierten
und Laienanhängern abgelegt. Man legt die 18 Haupt- und 46
Nebengelübde vor einem spirituellen Lehrer ab, der einer ungebro-
chenen Übertragungslinie angehört.

Brahma: Skrt., König der Götter, der sich im Bereich der Form
aufhält.

Buddha: Skrt., "der Erwachte". Ein Mensch, der die zur Befreiung
aus dem Kreislauf des Existenzen (*Samsara*) führende vollkommene
Erleuchtung verwirklicht und die vollkommene Befreiung (*Nirvana*)
erreicht hat. Inhalt seiner Lehre sind die "*Vier Edlen Wahrheiten*".
Buddha Shakyamuni (ca. 620 -543 v. Chr.), der historische Buddha,
ist einer der 1.000 Buddhas, die in diesem Glücklichen Zeitalter erscheinen. Seine Lehren (Dharma) sind bis heute erhalten geblieben.

Buddha-Natur: (Skrt. Tathagatagarbha, "Den Vollendeten, d.h. den
Buddha, in sich enthaltend", "Essenz"), die Wahre Natur des Geistes, die allen Wesen innewohnt; die Grundlage zum Erlangen der
Erleuchtung.
(vgl. S. 31)

Buddhaschaft: Ausdruck für die Verwirklichung der Vollkommenen Erleuchtung, die einen Buddha auszeichnet.
Auf der Ebene der Buddhaschaft sind die Beendigungen von allen
Hindernissen und die Verwirklichungen aller Tugenden erreicht.
Man kann drei Stufen zum Erreichen der Buddhaschaft unterscheiden:
1. Auf der Stufe des Praktizierenden mit anfänglichen Fähigkeiten wird der Geist von den bloßen Annehmlichkeiten dieses
   Lebens abgewendet, und man richtet sich auf zukünftige Leben aus, indem man die Motivation für das Erlangen einer
   hohen Wiedergeburt stärkt.
2. Auf der mittleren Stufe wendet man den Geist vollkommen
   von den Phänomenen des Daseinskreislaufes ab und erzeugt
   das Streben nach vollständiger Befreiung.
3. Auf der höchsten Stufe erkennt man, daß es zur Vollendung
   des Geistigen Pfades nicht ausreicht, die persönliche Befreiung anzustreben und zu erreichen. Man entwickelt eine Geisteshaltung, mit der man es für wichtiger hält, sich hauptsäch-

lich um das Wohl der anderen zu sorgen. In diesem Zusammenhang entwickelt man intensiv Liebe und Mitgefühl, Altruismus und schließlich den Erleuchtungsgeist (Skrt. *Bodhicitta*), das Streben nach Buddhaschaft zum Wohle der anderen Wesen. Auf der Grundlage dieser Geisteshaltung führt man die verschiedenen Übungen eines *Bodhisattvas* aus, die schließlich zur Buddhaschaft führen.

Chakra: Skrt., "Rad, Kreis", Bezeichnung für die Zentren subtiler oder feinstofflicher Energie im Energiekörper des Menschen.

Chakrasamvara: Skrt., (tib. Khorlo Demchog), *Yidam* der höchsten *Tantra*klasse (Anuttarayogatantra), der Haupt-Yidam der Kagyü-Linie.

Chenresig: tib., (Skrt. Avalokiteshvara), "Mit Klaren Augen schauend", der *Bodhisattva* des Großen Mitgefühls.

Er gilt als Schutzgottheit des "Schneelandes" (Tibet). Zu den zahllosen Personen, die in den folgenden Jahrhunderten als Inkarnationen dieses Bodhisattva verehrt wurden, zählen auch der Dalai Lama und der Karmapa.

In seiner Form mit tausend Armen befindet sich in jeder Hand ein Auge. Dies symbolisiert, daß er das Leiden der Wesen erkennt und den Wesen mit seiner Weisheit hilft. Seine sechs Hände bedeuten die Hilfe in den sechs Daseinsbereichen. Die Zehn Köpfe symbolisieren die Stadien des Bodhisattva-Pfades und der elfte die *Buddhaschaft*. Je drei Köpfe drücken Mitgefühl über das Leiden, Zorn über das Böse und Freude über das Gute aus, und Buddha *Amitabha* an der Krone symbolisiert die welterleuchtende Weisheit als Ursprung und Ziel seines Wirkens.

Mit dieser Form des Chenresig wird eine *Meditations*übung (Skrt. *Sadhana*, "Mittel zur Vollendung") ausgeführt, die mit dem Einhalten von Gelübden und Fasten verbunden ist: das Fastenritual des Großen Mitfühlenden (tib. Nyungnä).

Die bekannteste Darstellungsform ist die des Chenresig mit vier Armen, wobei er in der linken Hand eine Lotusblüte hält und in der rechten eine Kristall-*Mala*. Er ist von weißer Farbe und sitzt auf einer Lotusblüte. Die anderen beiden Hände halten vor seinem Herzen das *Wunscherfüllende Juwel*.

Das ihm zugeordnete *Sechs-Silben-Mantra* (Skrt. OM MANI PADME HUM, tib. OM MANI PEME HUNG) wurde als erstes

Mantra in Tibet eingeführt und ist dort bis heute am weitesten verbreitet.

Chöd: tib., "abschneiden, abtrennen", eine Praxis einer von Phadampa Sangye gegründeten Schule des Tibetischen Buddhismus. Seine wichtigste Schülerin war Machig Labdrön-ma, über die diese Praxis auch in andere tibetische Schulen gelangte. Diese Methode dient dazu, Verdienst anzusammeln und umfaßt die symbolische Abtrennung des fälschlichen Glaubens an ein 'Selbst' oder 'Ich', indem man sich vorstellt, seinen eigenen Körper zu opfern.

Dakas und Dakinis: Skrt., erleuchtete Wesen (männlich und weiblich) in der Praxis des *Vajrayana*, die sich auf der Ebene der Höchsten Wirklichkeit befinden.

Dewachen: tib., (Skrt. Sukhavati), "Das Glückvolle", das reine Buddha-Land von Buddha *Amitabha*, der dies durch sein Verdienst und seine besonderen Wunschgebete geschaffen hat; das westliche Paradies, eines der bedeutendsten Buddha-Länder des *Mahayana*. Durch die *Meditation*spraxis von Buddha Amitabha, die Rezitation seines Namens und seines *Mantra*, kann man dort nach diesem Leben wiedergeboren werden.

Dharma: Skrt., (tib. Chö), "tragen, halten". Das Wort 'Dharma' hat verschiedene Bedeutungen.
Allgemein kann jedes Phänomen als Dharma bezeichnet werden.
Im besonderen versteht man unter Dharma eines der *Drei Juwelen*: die Lehren des Buddha (Dharma-Juwel). Diese beinhalten die *Drei Körbe der Lehre*.
Man unterscheidet:
 – verbaler Dharma (Schriften, Pitakas: Worte des Buddha)
 – erkenntnismäßiger Dharma (die Verwirklichungen, die man durch die Praxis nach dem Inhalt dieser Schriften erlangt).
Man soll jede Silbe von Dharma-Schriften als das Dharma-Juwel selbst ansehen, da jedes einzelne Wort die Befreiung oder *Buddhaschaft* lehrt. Man soll die Lehren als ein Mittel ansehen, das einem hilft, den eigenen Geist besser zu verstehen und zu erkennen, welche Fehler vorhanden sind. Anschließend sollte man sie dazu benutzen, Körper, Rede und Geist von solchen fehlerhaften Verhaltensweisen zu befreien.

Wenn man nicht versteht, daß alle Worte des Buddha auf direkte
oder indirekte Weise die Mittel lehren, die zum Erreichen der
Buddhaschaft dienen, sondern eine Unterscheidung in gute und
schlechte Lehren, in das Große und Kleine Fahrzeug usw. trifft oder
Lehren außer acht läßt, in der Annahme, daß dies nicht von einem
Bodhisattva geübt zu werden braucht, spricht man von "Verwerfen
des Dharma". Diese Fehler sind schwer zu erkennen, und sie haben
eine sehr subtile, negative Wirkung.
(vgl. S. 71)

Dharmadhatu: Skrt., der "Bereich der Erscheinungen", der
"Dharma-Raum", in dem alle Erscheinungen entstehen, bestehen
und vergehen.

Dharmakaya: Skrt., der "Weisheitskörper/Wahrheitskörper" eines
Buddha.
Wenn die *Buddhaschaft* erlangt wird, manifestieren sich gleichzeitig
die Vier Buddha-Körper (vgl. *Vier Kayas*). Im *Mahayana* wird das
allwissende Bewußtsein eines Buddha Dharmakaya genannt.
Der Dharmakaya wird in zwei Körper unterteilt:
1. Weisheits-Dharmakaya oder Weisheits-Wahrheitskörper
   (Skrt. Jnana Dharmakaya), das ursprüngliche Weisheitsbewußtsein. Der Weisheits-Dharmakaya ist die erkenntnis-
   mäßige Seite oder die Allwissenheit des Buddha.
   Er entspricht:
   – dem *Nirvana*zustand (Zustand der Befreiung von *Samsara*)
     des Hinayana
   – der *Leerheit* (die endgültige Natur aller Dinge) der Madh-
     yamika-Schule
   – dem Tathata (Skrt., "Soheit", die letztliche Wahrheit) der
     Yogacara-Schule
   – dem Begriff des Adi-Buddha (Ur-Buddha, das Urprinzip
     der Buddhaschaft)
2. Natürlicher Dharmakaya (Skrt. Svabhavikakaya), die letztliche Natur des Geistes des Buddha. Diese besteht darin, daß
   alle, selbst die feinsten Hindernisse des Geistes völlig, endgül-
   tig zu Ende gegangen sind.

Dharmapala: Skrt., "Schützer der Lehre" des Buddha, oft zornvolle
Meditationsgottheiten.
Zum Schutz der Lehre und der Institutionen gegen feindliche Kräfte
wird im *Vajrayana* eine Gruppe von Gottheiten durch die Durch-

führung einer *Sadhana* angerufen. Außer den eigentlichen Dharma-palas, wie Mahakala (Skrt., "der Große Schwarze"), einer zornvollen Erscheinungsform von *Chenresig*, gibt es die Lokapalas (Skrt., "Beschützer der Welt"), die sich durch einen Eid verpflichteten, die buddhistische Lehre zu unterstützen.

Dharma-Roben: die drei Roben der buddhistischen Mönche oder Nonnen. Die Robe ist aus mehreren Stoffteilen zusammengesetzt, da ursprünglich die Kleidung der Mönche und Nonnen ein Flicken-gewand aus Lumpen war. Sie besteht gewöhnlich aus Baumwolle, kann aber auch aus anderen Materialien sein. Die gebräuchlichste Farbe ist gelb, doch in den verschiedenen Ländern werden unter-schiedliche Farben verwendet, z.b. tragen chinesische Mönche blaue oder braune Roben, tibetische Mönche rote und japanische Mönche schwarze Roben.

Drei Arten von Leid: Diese sind:
1. Leid an der Bedingtheit: das allesdurchdringende Leiden
2. Leid der Veränderung: die Vergänglichkeit von Friede und Glück
3. Leid des Schmerzes: die körperlichen und geistigen Leiden (Krankheit, Depression usw.).
(vgl. S. 40)

Drei Erleuchtungsstufen: oder Drei Arten des *Nirvana*:
1. Nirvana mit Überresten: ein Feindzerstörer (Skrt. *Arhat*), dessen Aggregate noch existieren
2. Nirvana ohne Überreste: ein Feindzerstörer, dessen Konti-nuum erloschen ist
3. Nicht-verweilendes Nirvana: ein Buddha, der weder im Extrem des Daseinskreislaufes noch im Extrem der persönli-chen Befreiung verweilt.

Drei Geistesgifte: Gier (Anhaftung), Haß (Abneigung) und Unwis-senheit (Verblendung).
(vgl. *Fünf Geistesgifte*)

Drei Juwelen: (Skrt. Triratna), die Drei Kostbarkeiten, die Drei Ob-jekte der Zuflucht:
1. *Buddha*-Juwel - Buddha, der Lehrer
2. *Dharma*-Juwel - Dharma, die Lehre
3. *Sangha*-Juwel - Sangha, die Geistige Gemeinschaft.

Drei weitere Objekte der Zuflucht im *Tantrayana* (Fahrzeug des Tantra) sind die *Drei Wurzeln*.

Drei Körbe der Lehre: (Skrt. Tripitaka), sie gehören zum 1. *Rad der Lehre* und enthalten die Drei Schriftabteilungen:

1. Vinayapitaka, Skrt., die Schriftabteilung der Disziplin zur Schulung der Ethik als Grundlage für den gesamten Pfad (Nabe des Rades). Sie enthält Erklärungen über die Nachteile der Begierde, die an verschiedenen Sinnesobjekten dargestellt werden. Außerdem werden die Vorzüge von Zufriedenheit, Genügsamkeit usw. gelobt. Daher stehen diese Lehren hauptsächlich in Zusammenhang mit dem Aufgeben von Begierde.

2. Sutrapitaka, Skrt., die Schriftabteilung der Lehrreden zur Schulung der *Meditation*, wodurch der Geist gesammelt und konzentriert wird (die Felge des Rades hält alles zusammen). Um den Geist zur Ruhe zu bringen, ist es wichtig, daß Haß usw. aufgegeben werden. Die *Sutras* enthalten vor allem Lehrreden über die Entwicklung von Liebe und Mitgefühl als Gegenmittel gegen Wut und Haß. Im Hinayana wird Gewaltlosigkeit geübt und ein Verhalten, andere nicht zu verletzten. Im *Mahayana* wird der altruistische Gedanke geübt, um anderen zu helfen.

3. Abhidharmapitaka, Skrt., die Schriftabteilung des Höheren Wissens zur Schulung der Weisheit, wodurch Unwissenheit und Leidenschaften durchschnitten werden (Klingen, die die Speichen eines Waffenrades bilden).

Drei Silben: weißes OM, rotes AH, blaues HUNG.

Drei Silben	OM	AH	HUNG
Drei Farben	weiß	rot	blau
Drei Chakren	Stirn	Kehle	Herz
Drei Tore	Körper	Rede	Geist
Drei Juwelen	*Buddha*	*Dharma*	*Sangha*

Drei Stellen: Stirn, Kehle und Herz. (vgl. *Drei Silben*)

Drei Tore: Körper, Rede und Geist. (vgl. *Drei Silben*)

Drei Übungen: auch Drei Schulungen; die drei miteinander untrennbar verbundenen Bereiche der buddhistischen Praxis.

1. Schulung der ethischen Disziplin
2. Schulung des Geistes (vgl. *Samadhi*)

3. Schulung der Weisheit
(vgl. *Drei Körbe der Lehre*)

Drei Wurzeln: Die zusätzlichen Objekte der Zuflucht im *Tantrayana* (Fahrzeug des Tantra):
1. *Lama* (tib., Skrt. Guru), die Wurzel des Segens
2. *Yidam* (tib., Skrt. Ishtadevata), die Wurzel aller Fähigkeiten
3. Khandro (tib., Skrt. *Dakas und Dakinis*) und *Dharmapalas*, die Wurzel für die Buddha-Aktivität
(vgl. *Drei Juwelen*)

Drei Yanas: Skrt., "Fahrzeug", die verschiedenen Fahrzeuge, mit dem der Übende den Weg zur Erleuchtung zurücklegt. Die Wahl des Fahrzeuges hängt von der geistigen Reife des Schülers und der Befähigung des Meisters ab. Es werden drei Fahrzeuge unterschieden:
1. *Hinayana*
2. *Mahayana*
3. *Vajrayana.*

Drei Zeiten: Vergangenheit, Gegenwart und Zukunft.

Drikung Kagyü: Ein Orden des Tibetischen Buddhismus, der zu einer der vier tibetischen Schulen (Nyingma, Gelug, Kagyü und Sakya) gehört und dessen Oberhäupter Drikung Kyabgön Chetsang Rinpoche und Drikung Kyabgön Chuntsang Rinpoche sind. (vgl. S. 23)

Drikung Kagyü Institut: Institut für Höhere Buddhistische Studien in Dehra Dun, das von Seiner Heiligkeit, Drikung Kyabgön Chetsang Rinpoche gegründet wurde.

Drikungpa: hier: Synonym für *Kyobpa Jigten Sumgön Ratnashri.*

Einsicht durch Kontemplation: (Skrt. Vipashyana, tib. Lhagthong), tiefe Einsicht; die Praxis zur Entwicklung der vollkommenen Weisheit; intuitives Erkennen der Drei Merkmale des Daseins:
– Vergänglichkeit (Skrt. Anitya)
– Leidhaftigkeit (Skrt. Duhkha)
– Unpersönlichkeit (Skrt. Anatman)
aller körperlichen und geistigen Erscheinungen.
Im *Mahayana*-Buddhismus wird Vipashyana als analytische Überprüfung des Wesens der Dinge, die zur Einsicht in das Wahre Wesen

der Welt, der *Leerheit* (Skrt. Shunyata) führt, aufgefaßt. Diese Einsicht verhindert das Entstehen neuer Leidenschaften.

Vipashyana ist einer der beiden für die Erlangung der Erleuchtung wesentlichen Faktoren. Der zweite ist die Praxis von Geistiger Ruhe (Skrt. Shamatha , tib. Shine). Beide Übungen werden im Tiefgründigen Fünffachen Pfad des *Mahamudra* zur Erkenntnis von Mahamudra geübt.

Durch die Verbindung von Shamatha und Vipashyana erlangt man die unmittelbare Einsicht in die Leerheit. Dies entspricht dem Erreichen des dritten der Fünf Pfade (Pfad des Sehens, vgl. S. 113).

Entsagender Geist: ein Geisteszustand, der keine Anhaftung an die Aktivitäten des *Samsara* mehr hat. Man entsagt dem Leiden des Daseinskreislaufes und richtet sein ganzes Streben auf die Erleuchtung aus. Wenn der Gedanke der Entsagung jederzeit natürlich in uns vorhanden ist, gelangt man auf den ersten der Fünf Pfade (Pfad der Ansammlung, vgl. *Stufen und Pfade*).

Erleuchtung: (Skrt. Bodhi, "Erwachen"), das Erleben der Wahren Wirklichkeit aller Phänomene. Nachdem *Buddha* Shakyamuni die Vollkommene Erleuchtung erlangt hatte erklärte er den Weg, der zur Erleuchtung führt.

Ermächtigung: (Skrt. Abhisheka, tib. Wang), Einweihung; der für die Methoden des *Vajrayana* zentrale Vorgang der Initiation, bei dem der Schüler vom Meister zur Ausübung spezieller Meditationsübungen "ermächtigt" wird. Im Tibetischen Buddhismus spricht man daher von Kraftübertragung. Im höchsten Yoga*tantra* gibt es vier verschiedene Stufen der Ermächtigung:
1. Ermächtigung der Vase
2. Geheime Ermächtigung
3. Weisheitsermächtigung
4. Vierte Ermächtigung

Die Ermächtigung der Vase beinhaltet dabei die Ermächtigung in die Fünf Aspekte der Buddha-Familien.

Es ist wichtig, die entsprechenden Verpflichtungen des Vajrayana (Skrt. *Samaya*, tib. Damzig, Vajrayana-Gelübde) einzuhalten.

Fünf Augen: das gewöhnliche Auge, das göttliche Auge, das Weisheitsauge, das Auge des *Dharma* und das Auge des Buddha.

Fünf Buddha-Familien: Entsprechend den *Fünf Dhyani-Buddhas* gibt es:

Familie	Richtung	Farbe	Symbol
Buddha-Familie	Zentrum	weiß	*Chakra* (Rad)
Vajra-Familie	Osten	blau	*Vajra* (Diamant)
Ratna-Familie	Süden	gelb	Ratna (Juwel)
Padma-Familie	Westen	rot	Padma (Lotus)
Karma-Familie	Norden	grün	Doppelvajra (zwei gekreuzte Vajra)

Fünf Buddha-Länder: Es heißt, daß die Reinen Länder hauptsächlich durch die Kraft der reinen Zielsetzungen und Wunschgebete der Buddhas entstehen. Wesen mit einem besonders geläuterten Geist können dorthin gelangen. Die Buddha-Länder bezeichnen besondere Bewußtseinszustände, wobei außer dem eigenen *Karma* die Hilfe des entsprechenden Buddha eine Rolle spielt, um in einem Reinen Land wiedergeboren zu werden. Diese Buddhas haben das Versprechen abgelegt, denjenigen zu helfen, die mit Vertrauen und Hingabe die entsprechenden Übungen ausführen. Die Reinen Länder sind nur eine Vorstufe zum *Nirvana*, es ist allerdings kein Zurückfallen in niedrigere Bewußtseinszustände mehr möglich. Den verschiedenen Buddhas entsprechend gibt es unendlich viele Reine Länder.

Fünf Buddha-Weisheiten: die Aspekte der Weisheit, die durch die *Fünf Dhyani-Buddhas* symbolisiert werden:
1. *Vairocana*: Universelle *Dharmadhatu*-Weisheit
2. *Akshobhya*: Spiegelgleiche Weisheit
3. *Ratnasambhava*: Weisheit der Gleichheit
4. *Amitabha*: Unterscheidende Weisheit/Weisheit der Klarschau
5. *Amoghasiddhi*: Vollendende Weisheit.

Fünf Dhyani-Buddhas:
1. Buddha *Vairocana* (tib. Nampar Nangdsä) im Zentrum
2. Buddha *Akshobhya* (tib. Mikyöpa) im Osten
3. Buddha *Ratnasambhava* (tib. Rinchen Jungnä) im Süden
4. Buddha *Amitabha* (tib. Öpame) im Westen
5. Buddha *Amoghasiddhi* (tib. Dönyö Drubpa) im Norden

Fünf Formen: die *Fünf Dhyani-Buddhas.*

Fünf Geistesgifte: Unwissenheit, Gier, Haß, Stolz und Neid.

Fünf Gifte: vgl. *Fünf Geistesgifte.*

Fünf Hellsichtigkeiten: außergewöhnliche Kräfte; die Fähigkeiten eines Buddha, *Bodhisattva* oder *Arhat.* Im allgemeinen unterscheidet man sechs Arten, wovon die ersten fünf als weltlich angesehen werden und durch Verwirklichung der Vier Versenkungsstufen erlangt werden. Die sechste, die als überweltlich gilt, kann nur durch den höchsten Einblick (vgl. *Einsicht durch Kontemplation*) erlangt werden.
Die Fünf Hellsichtigkeiten sind:
1. das göttliche Auge (Erkennen des Kreislaufs von Leben und Tod aller Wesen)
2. das göttliche Ohr (Wahrnehmen menschlicher und göttlicher Stimmen)
3. die Kraft, den Geist anderer zu erkennen
4. die Kraft, Wunder zu vollbringen
5. die Kraft, sich an vergangene Leben zu erinnern
Die sechste ist das Erkennen des Erlöschens der eigenen Befleckungen und Leidenschaften (Skrt. Asvara). Das ist die Gewißheit, die Befreiung erreicht zu haben.

Fünf Objekte: die Fünf Sinnesobjekte:
1. Sichtbare Körper (Sichtbares)
2. Töne (Hörbares)
3. Gerüche (Riechbares)
4. Geschmäcker (Schmeckbares)
5. Tastobjekte (Tastbares).

Fünf Sinne: die fünf körperlichen Sinneskräfte: Auge, Gehör, Nase, Zunge, Körper. Wenn von den sechs Sinnen gesprochen wird kommt die Wahrnehmung als Sinneskraft des Geistes hinzu. Das Objekt der Wahrnehmung sind die Phänomene.

Fünf Skandhas: Skrt., die fünf Aggregate der Person (vgl. Skandhas):
- ein Körperliches:
  1. das Körperliche (Anhäufung von materiellen Teilen)
- drei mittlere (Geistesfaktoren)
  2. Empfindung (Anhäufung von Einzelaugenblicken)
  3. Unterscheidung (Anhäufung von Merkmalen, die von verschiedenen Bewußtseinsarten erkannt werden)

4. weitere Geistesfaktoren (Anhäufung verschiedener Faktoren)
   - ein Hauptgeist:
5. das Hauptbewußtsein (Anhäufung der verschiedenen Haupterkenntnisse)

Fünf schwere unheilsame Handlungen: Wenn man eine der folgenden fünf Handlungen oder alle begangen hat, kann man die Erleuchtung nicht in einem Leben erlangen.
1. Töten der Mutter
2. Töten des Vaters
3. Töten eines *Arhat*
4. Verletzen eines Buddha, so daß Blut fließt
5. Säen von Zwietracht innerhalb der *Sangha.*

Fünf Weisheiten: vgl. *Fünf Buddha-Weisheiten.*

Gampopa: ein Schüler von *Milarepa* und Lehrer von Phagmo Drupa und des ersten Karmapa. Er verbindet die drei Großen Linien (von *Nagarjuna,* Asanga und Tilopa). Ein Hauptwerk von Gampopa ist "Der Juwelenschmuck der Befreiung".

Glocke: (Skrt. Gantha), Ritualglocke. Symbol der Weisheit, das weibliche Prinzip. Die Glocke wird in Ritualen des *Vajrayana* in Verbindung immer zusammen mit dem *Vajra,* dem männlichen Prinzip der Methode benutzt.

Göttliche Augen: eine der *Fünf Hellsichtigkeiten,* das Erkennen des Kreislaufs von Leben und Tod aller Wesen.

Göttliche Ohren: eine der *Fünf Hellsichtigkeiten,* die Wahrnehmung menschlicher und göttlicher Stimmen.

Großes Fahrzeug: (Skrt. Mahayana, tib. Theg Chen), auch Paramitayana; der Pfad der *Bodhisattvas;* neben dem Hinayana (Skrt., "Kleines Fahrzeug") die zweite der beiden großen Schulrichtungen des Buddhismus. Hinayana und Mahayana unterscheiden sich in der Betonung verschiedener Aspekte der Lehre. Während im Hinayana die eigene Befreiung angestrebt wird, ist es das Ziel des Mahayana, die Erleuchtung zu erlangen, um zum Wohle aller Wesen wirken zu können. Dies ist das Ideal des Mahayana, das im Bodhisattva verkörpert ist, der besonders großes Mitgefühl besitzt.

Guru-Yoga: Skrt., eine Meditationspraxis, um den Segen der Übertragungslinie zu erhalten.

Der Segen des Guru-Yoga wird folgendermaßen bewirkt: Wenn wir unseren Lehrer als ein gewöhnliches menschliches Wesen ansehen, verbleibt unser Bewußtsein in einem gewöhnlichen Zustand. Wenn wir die Praxis des Guru-Yoga durchführen (wobei wir uns unseren Lehrer als den *Wurzel-Lama Vajradhara* vorstellen), richtet sich unser Bewußtsein auf den Zustand des Buddha Vajradhara aus. Wenn wir wirklich studieren und praktizieren, so taucht in unserem Bewußtsein eine freudige, vertrauensvolle Erfahrung von natürlicher Hingabe auf. Durch diese Hingabe werden unsere Zweifel und Bedenken beseitigt. Dies nennt man den Segen des Guru; es ist das Zusammentreffen der Lehren, der Weisheit und des Mitgefühls des Lehrers mit den Wünschen, der Hingabe und dem Vertrauen des Schülers.

Das Guru-Yoga ist eine der wichtigsten Übungen des *Vajrayana*. Innerhalb der Vorbereitenden Übungen (tib. *Ngöndro*) übt man die Hingabe an den Guru, indem man ihn als Buddha Vajradhara sieht. In den Übungen des *Tiefgründigen Fünffachen Pfades von Mahamudra* (tib. Ngadän) praktiziert man ein weiteres Guru-Yoga zur Entwicklung der vier Buddha-Körper (vgl. *Vier Kayas*). Die Praxis des Guru-Yoga mit großer Hingabe ist der einzige Weg, die Stufe der Vollendung zu erlangen, die Verwirklichung von Mahamudra.

Haupt- und Nebenmerkmale: die körperlichen Merkmale eines Buddha in seiner Erscheinungsform als *Sambhogakaya* (Körper des Vollkommenen Erfreuens). Es werden *Zweiunddreißig Hauptmerkmale* und achtzig Nebenmerkmale beschrieben.

Höchstes Fahrzeug: das Fahrzeug des *Vajrayana* (Skrt., "Diamantfahrzeug").

Indra: Skrt., (auch Sakra), Herr der 33 Götter im Wunschbereich.

Jambudvipa: Skrt., der südliche der Vier Kontinente, die den Berg Meru umgeben. Historisch entspricht er dem Kontinent, auf dem wir leben, der Erde, speziell dem indischen Erdteil. Seine Farbe ist blau.

Kalpa: Skrt., "Weltperiode, Weltenzyklus", Bezeichnung für einen unermeßlich großen Zeitraum, der die Grundlage der buddhistischen Zeitrechnung darstellt. Die Länge eines Kalpa wird durch ver-

schiedene Gleichnisse veranschaulicht, z.B. ist ein Kalpa die Zeit-
spanne, die eine Taube benötigt, um einen Weizenberg, so groß wie
der Mt. Everest, abzutragen, wenn sie alle tausend Jahre ein Körn-
chen frißt.
Ein Kalpa wird in vier Abschnitte eingeteilt:
  – Weltentstehung
  – Bestehen der Welt
  – Weltuntergang
  – Periode des Chaos

Karma: Skrt., "Tat, Handlung", das universelle Gesetz von Ursache
und Wirkung.
Sämtliches Leiden in allen samsarischen Bereichen wird durch unheilsame Handlungen verursacht. Alle positiven Resultate werden
durch heilsame Handlungen verursacht. Da die Dauer des Reifens
von Karma gewöhnlich die der Existenz überschreitet, hat die Aus-
wirkung der Handlung eine oder mehrere Wiedergeburten zur
Folge, die zusammen den Daseinskreislauf (Skrt. *Samsara*) ausma-
chen.
Die *Meditation* über Karma ist ein Mittel gegen die Unkenntnis der
Zusammenhänge von Ursache und Wirkung.
(vgl. S. 48)

Kaya: Skrt., "Körper", vgl. *Vier Kayas.*

Khenpo: tib., der Hauptlehrer oder die spirituelle Autorität in
einem Kloster. Obwohl das Wort häufig mit 'Abt' übersetzt wird,
ist der Khenpo im allgemeinen nicht der Verwalter des Klosters. Der
Titel wird auch an besonders gelehrte *Lamas* verliehen.

Klesha: Skrt., "Plage, Befleckung, Leidenschaft", die aus der Ergrei-
fung eines Selbst widerstreitenden (störenden) Gefühle, die fesseln-
den Leidenschaften: Begierde, Haß, Unwissenheit. Diese den Geist
trübenden Eigenschaften bilden die Grundlage aller unheilsamen
Handlungen und binden den Menschen an den Kreislauf der Wiedergeburten. Die Erlangung der *Arhat*schaft bedeutet die Beendigung aller Kleshas.

Kostbarer Schirm: Eines der *Acht Glückverheißenden Zeichen* oder
Acht Kostbarkeiten. Es symbolisiert die königliche Würde, die Unheil abhält.

Kyobpa Jigten Sumgön Ratnashri: (1143-1227), Begründer der *Dri-kung-Kagyü*-Linie, Schüler von Phagmodrupa.
(vgl. S. 23)

La: tib., "Lebenskraft, Träger/Stütze des Bewußtseins". Bei einem Schock kann es gestört oder aus dem Körper hinausgeschleudert werden. Dies ist eine vorbuddhistische Vorstellung , die aus der Bön-Religion stammt.

Lama: tib., (Skrt. Guru), Geistiger Lehrer. Im besonderen versteht man darunter den spirituellen Meister, der den Weg kennt, den Sinn und Zweck des Lebens erklärt und den Weg zur Selbstverwirklichung, aber auch seine Gefahren und Hindernisse zeigt. Der Höchste Lehrer ist *Buddha* Shakyamuni, der historische Buddha, der Begründer der buddhistischen Lehre (*Dharma*).

Leerheit: (Skrt. Shunyata), ein zentraler Begriff des Buddhismus. Im frühen Buddhismus wurde erklärt, daß alle zusammengesetzten Dinge leer, unbeständig (Skrt. Anitya), nicht-wesenhaft (Skrt. Anatman) und leidvoll (Skrt. Duhkha) sind. In den Schulen des Hinayana wird nur die Leerheit der Person erklärt, während die Schulen des *Mahayana* sowohl die Leerheit der Person als auch die Leerheit aller Phänomene beschreiben. Sie sind nicht-wesenhaft, d.h. leer von einer Eigennatur (Skrt. Svabhava). Alle Phänomene sind ohne eigenständige, dauerhafte Substanz, sondern von der Leerheit durchdrungen.
Ein falsches Verständnis der Leerheit führt zu den Extremen des Nihilismus und Eternalismus. Die Leerheit darf nicht als Nihilismus angesehen werden, indem man die Auffassung vertritt, daß die Phänomene überhaupt nicht existieren. Im Extrem des Eternalismus glaubt man an ein unveränderliches Ich oder die Selbstnatur der Person und der Phänomene. Ein korrektes Verständnis der Leerheit besteht darin, die beiden Gesetzmäßigkeiten der Leerheit und des abhängigen Entstehens miteinander in Verbindung zu bringen und gleichzeitig an einem Phänomen erkennen zu können. Das Phänomen ist abhängig existent und gleichzeitig leer von inhärenter Existenz.

Lokeshvaraya: Andere Bezeichnung für Avalokiteshvara (tib. *Chenresig*).

Lotus-Haltung: die sieben Punkte umfassende Körperhaltung des Buddha *Vairocana.* (vgl. S. 100)

Mahamudra: Skrt., das "Große Siegel" der Wirklichkeit, eine der höchsten Lehren des *Vajrayana,* die in Tibet besonders in der Kagyü-Schule überliefert wurde. Es wird erklärt als das Wissen um die *Leerheit* (Skrt. Shunyata), die Freiheit vom Kreislauf der Existenzen (Skrt. *Samsara*) und die Untrennbarkeit dieser beiden Zustände. Diese Bezeichnung gilt allgemein bei allen Traditionen der Neuen Schulen (Skrt. Sarmapa). Dazu gehört auch die Kagyü-Tradition. Die Praxis und das Erkennen von Mahamudra ist die Essenz aller *Dharmas.* Sie ist das Erkennen der höchsten Wirklichkeit, die Verwirklichung der Natur des Geistes. Es ist ein Zustand der Vollkommenheit, der frei von allen dualistischen Konzepten ist. Diese Einsicht ist nicht verschieden von der Erkenntnis der Prajnaparamita (vollkommenen Weisheit) und der höchsten Erkenntnis aller Buddhas. (vgl. S. 108)

Mahayana: Skrt., vgl. *Großes Fahrzeug.*

Mala: Skrt., "Kranz, Rose", Gebetskette mit 108 bzw. 111 Perlen, die bei der Rezitation von *Mantras,* Dharanis und Buddha-Namen zum Zähler der Wiederholungen verwendet wird.

Mandala: Skrt., "Kreis, Bogen, Abschnitt".
1. Symbolische Darstellung des Bereiches einer Gottheit in zwei- oder dreidimensionaler Form. Die bildliche Darstellung in Form von Thangkas (Rollbild) wird hauptsächlich als Meditationshilfe verwendet. Bei besonderen Ermächtigungen werden Mandalas aus gefärbtem Sand angefertigt, der anschließend in einen Fluß gestreut wird.
2. Mandala-Opferung: Das Opfern des Mandala ist ein Teil der Vorbereitenden Übungen (tib. *Ngöndro*) und symbolisiert die Opferung des ganzen Universums. Man unterscheidet das Mandala mit fünf Punkten, welches die Zufluchtsobjekte darstellt und das Mandala mit sieben bzw. siebenunddreißig Punkten welches das ganze Universum darstellt.

Manjushri: Skrt., (tib. Jampäl Yang), "Der Edle und Sanfte", der *Bodhisattva* der Weisheit und des Wissens. Er trägt in der rechten Hand das Schwert der Weisheit, mit dem er die Unwissenheit zerschneidet. In der linken Hand hält er ein Buch, die Prajnaparamita-*Sutra*, welches die Vollkommenheit der Weisheit symbolisiert.

Mantra: Skrt., "Schutz des Geistes", besondere Silben oder Worte, die den verschiedenen Emanationen der Buddhas zugeordnet sind. Sie wirken aufgrund der Kraft des Klanges. In der *Meditation* wird die Wiederholung von Mantras in vielen buddhistischen Schulen geübt, spielt aber im *Vajrayana* eine besondere Rolle. Die Rezitation des Mantra wird in Verbindung mit genau erklärten Visualisationen und bestimmten Körperhaltungen (Skrt. *Mudra*) an Hand von *Sadhanas* durchgeführt.

Mara: Skrt., "Zerstörer", die Verkörperung des Bösen, der König der Dämonen. Die Maras symbolisieren die den Menschen überwältigenden Leidenschaften sowie alles, was das Entstehen heilsamer Wurzeln und den Fortschritt auf dem Weg zur Erleuchtung verhindert.

Meditation: (Skrt. Bhavana), "Sich-vertraut-machen, gewöhnen" an heilsame Geisteszustände.

Meditationen sind religiöse Übungen, die oft sehr verschieden sind, aber das gleiche Ziel haben: das Bewußtsein in einen Zustand zu versetzen, in dem es zu einer Erfahrung des "Erwachens", der "Befreiung" oder "*Erleuchtung*" kommen kann.

Das gemeinsame Kennzeichen aller Meditationsformen ist, daß der Geist des Übenden gesammelt, beruhigt und klar wird wie die Oberfläche eines aufgewühlten Sees, auf dessen Grund man sehen kann, wenn das Wasser ruhig und klar ist. Dies wird, entsprechend den unterschiedlichen Schulungswegen, durch verschiedene Methoden erreicht.

Die beharrliche Übung der Meditation führt zu einem nicht-dualistischen Bewußtseinszustand, der Erkenntnis der Wirklichkeit (Skrt. *Mahamudra*). Wird diese Erfahrung auf dem Weg der fortgesetzten geistigen Schulung in das tägliche Leben integriert, wird damit schließlich der Zustand erreicht, der als Vollkommene *Erleuchtung* bezeichnet wird.

Meditation der Geistigen Ruhe: (Skrt. Shamatha), "Fixieren, Festmachen", die Sammlung des Geistes auf ein einziges Objekt durch die (allmähliche) Beruhigung der Geistestätigkeit; die Entfaltung von Geistiger Ruhe, die tiefe Meditation der Befreiung von Ablenkung, daß der Geist konzentriert und freudig bei dem Objekt der Betrachtung verweilen kann. Dies ist jedoch weder eine angespannte Konzentration auf einen Punkt, noch ist der Geist auf ein Objekt gerichtet, was eine dualistische Erfahrung wäre.

In Verbindung mit der Praxis der *Einsicht durch Kontemplation* erreicht man den Zustand von *Mahamudra*, die Erkenntnis der wahren Natur aller Phänomene. (vgl. *Samadhi*)

Medizin-Buddha: (Skrt. Bhaishajya-guru-Buddha, tib. Sangye Menlha) "Lehrer der Heilmittel", ein Buddha, der den heilenden, d.h. ganz und vollkommen machenden Aspekt der *Buddhaschaft* symbolisiert. Er wird häufig bei Krankheiten angerufen. Er ist von blauer Farbe und hält in der rechten Hand eine Heilpflanze. Er hat in China, Tibet und Japan eine besonders große Bedeutung.

Milarepa: tib., "Der das Baumwollgewand trägt", großer tibetischer Yogi, der die *Buddhaschaft* in einem einzigen Leben erlangte. Er war ein Schüler von Marpa und Lehrer von *Gampopa*. Sein Leben ist ein berühmtes Beispiel, wie man Not und Mühsal auf sich nimmt, um Erleuchtung zu erlangen. Nach schwersten Prüfungen erhielt er von seinem Meister Marpa die vollständigen Lehren von *Mahamudra* und die *Sechs Yogas von Naropa*. Seine Biographie mit den darin enthaltenen spirituellen Liedern ist bis heute eine der großen Inspirationsquellen des Tibetischen Buddhismus.

Mudra: Skrt., "Zeichen, Siegel", Körperhaltung oder symbolische Geste als Ausdruck einer inneren Haltung.

Nagarjuna: (ca. 100 n. Chr.), großer buddhistischer Gelehrter. Er kommentierte hauptsächlich die *Sutras* des Mittleren Rades der Lehre über die Vollkommenheit der Weisheit (Prajnaparamita) und setzte damit die Lehre des Madyamika, des Mittleren Weges, in Gang.

Nagas: Skrt., Hüter der *Wunscherfüllenden Juwelen*. Schlangenähnliche Wesen, die im Wasser leben. Sie hörten die Lehren des Buddha und beschützten sie in ihrem Reich, bis sie sie *Nagarjuna* übergaben.

Namo: Skrt., "Ehre, Heil".

Naropa: (1016-1100), einer der bekanntesten indischen Mahasiddhas und bedeutender Überlieferungsträger der Mahamudra-Lehren. Die

Sechs Yogas von Naropa gelangten über seinen Schüler Marpa nach
Tibet und sind bis heute in der Kagyü-Tradition erhalten.

Ngöndro: tib., die "vorbereitenden Übungen" zur Verwirklichung
von *Mahamudra.* Sie bestehen aus den
1. vier allgemeinen Vorbereitungen (aller Schulen): die Kontemplation über den Kostbaren Menschenkörper, Vergänglichkeit, *Karma* und das Leiden im *Samsara*
2. vier besonderen Vorbereitungen (des *Vajrayana*): die Zufluchtnahme, die Reinigungspraxis des *Vajrasattva*, die *Mandala*-Opferung und das *Guru-Yoga.*
3. speziellen Vorbereitungen: die Entwicklung von *Bodhicitta.*
Im *Tiefgründigen Fünffachen Pfad von Mahamudra* sind alle Vorbereitenden Übungen im ersten Teil (die Entwicklung von Bodhicitta)
enthalten.

Nirmanakaya: Skrt., "Ausstrahlungskörper, Erscheinungskörper",
der irdische Körper, in dem die Buddhas den Menschen erscheinen,
um ihren Entschluß zu erfüllen, alle Wesen zur Befreiung zu führen.
Das Weisheitsbewußtsein des Buddha nimmt in Formen Gestalt an,
die für das gewöhnliche Auge sichtbar sind, wenn das nötige *Karma*
vorhanden ist.
(vgl. *Vier Kayas*).

Nirvana: Skrt., "Verlöschen", Zustand der Befreiung aus *Samsara.*
Im frühen Buddhismus wird es als das Ausscheiden aus dem Kreislauf der Wiedergeburten und Eingehen in eine andere Existenzweise
verstanden. Es ist das vollkommene Überwinden der Drei Wurzeln
des Unheilsamen (Gier, Haß und Unwissenheit) und das Zurruhe-
kommen der Tatabsichten. Es bedeutet das Freisein von der Be-
stimmtheit durch *Karma.* Nirvana ist nicht-bedingt. Seine Kennzeichen sind das Fehlen von Entstehen, Bestehen, Veränderung und
Vergehen.
Man unterscheidet zwei Arten von Nirvana:
   – Nirvana mit Überresten, das schon vor dem Tod verwirk-
     licht wird
   – Nirvana ohne Überreste, das nach dem Tod erreicht wird.
Im *Mahayana* wird Nirvana als die Erfahrung des Einsseins mit dem
Absoluten, der Einheit des Samsara mit dem Transzendenten aufge-
faßt sowie als Verweilen in der Erfahrung des Absoluten, als Glück-
seligkeit im Wissen um die eigene Identität mit dem Absoluten und
als Freisein von allen Bindungen an Illusionen, Affekte und Begier-

den. Die Erfahrung der Einheit mit dem Absoluten wird als grenzenlose Erfahrung in allen Erscheinungen erlebt.
(vgl. *Drei Erleuchtungsstufen*)

Padmapani: Skrt., Synonym für *Chenresig.*

Padmasambhava: Skrt., (tib. Pema Jungnä), "der aus dem Lotus Geborene", von Tibetern auch als Guru *Rinpoche* bezeichnet, eine Ausstrahlung von Buddha *Amitabha*, der als lebender Meister wesentlich dazu beitrug, die Lehren des Buddha in Tibet einzuführen. Er lebte zur Zeit des tibetischen Königs Trisong Detsen und gründete im 8. Jh. die Nyingmapa-Linie. Seine besondere Aufgabe lag in der Bezähmung der einheimischen Dämonen bzw. der durch sie verkörperten Naturgewalten.

Phowa: tib., "Wechsel des Ortes", eine der *Sechs Yogas von Naropa,* eine besondere Methode des *Vajrayana.* Die Lehren des Phowa sind in allen tibetischen Schulen überliefert, eine besondere Überlieferungslinie ist in der *Drikung-Kagyü*-Linie bis heute erhalten geblieben.
Die Übung des Phowa ist eine spezielle Technik, um das Bewußtsein zum Zeitpunkt des Todes in ein Reines Buddha-Land *(Dewachen,* das Reine Land von Buddha *Amitabha)* zu überführen. Der Schüler bereitet sich zu Lebzeiten auf diesen Moment vor, indem er bestimmte Meditationsanweisungen ausübt.

Pratimoksha-Gelübde: Skrt., die Gelübde zur individuellen Befreiung. Hierbei handelt es sich um verschiedene ethische Bindungen oder einzuhaltende Regeln, die das körperliche, sprachliche und geistige Verhalten so kontrollieren sollen, daß es - gestützt auf die Motivation, sich aus allen Leiden des Daseinskreislaufes zu befreien - der Erlangung der individuellen (prati) Befreiung (moksha) dienlich ist. Die sieben Disziplinen der individuellen Befreiung sind:
1. Laienanhänger *(Upasaka)*
2. Laienanhängerin *(Upasika)*
3. Novize *(Shramanera)*
4. Novizin *(Shramanerika)*
5. Nonnenkandidatin *(Siksamana)*
6. Mönche *(Bhikshu)*
7. Nonne *(Bhikshuni)*
(vgl. S. 77)

Pratyeka-Buddha: Skrt., "Alleinverwirklicher". Jemand, der seine eigene Erleuchtung anstrebt, ohne sich in diesem Leben auf einen Lehrer zu stützen. Der Pratyeka-Buddha-*Arhat* ist ein Feindzerstörer, ein Erwachter, der aufgrund der Einsicht in die Zwölf Glieder des Abhängigen Entstehens die Erleuchtung aus sich allein erlangt hat.

Pretas: Skrt., (tib. Yidag), "Ausgeschiedene", sog. Hungrige Geister, eine der drei unteren Existenzweisen. Geiz, Neid und Eifersucht können eine Wiedergeburt als Preta zur Folge hatten. (vgl. S. 42)

Rad der Lehre: Nach der Darstellung des *Mahayana* hat der Buddha seine Belehrungen in drei Hauptabschnitten gegeben, den Drei Rädern der Lehre.

Das 1. Rad der Lehre: in Varanasi hat der Buddha den sogenannten fünf Asketen die ersten Belehrungen gegeben, indem er die *Vier Edlen Wahrheiten* erklärte. Das erste Rad der Lehre besteht aus den Drei Körben der Lehre. Die beiden Schulen des Hinayana (Vaibashika und Sautrantikas) stützen sich auf das erste Rad der Lehre.

Das 2. Rad der Lehre: Die Mahayana-Belehrungen hat der Buddha hauptsächlich im zweiten oder mittleren Rad der Lehre gegeben. Dieses besteht im wesentlichen aus den *Sutras* oder Lehrreden über die Vollkommenheit der Weisheit (Prajnaparamita-Sutras).

Das 3. Rad der Lehre: die Lehren über die wesenhafte Einheit von Erscheinung und *Leerheit*. Es besteht hauptsächlich aus dem "Sutra der Enträtselung der Gedanken des Buddha" (Samdinimurchana-Sutra). Die zehn *Bodhisattvas* kamen zum Buddha und sagten: "Im ersten Rad der Lehre hast du so gelehrt, als seien die Phänomene von ihrer eigenen Seite her existent. Im mittleren Rad der Lehre hast du aber gesagt, die Phänomene sind nicht von ihrer eigen Seite her existent, sondern sie sind leer von inhärenter Existenz." Daß der Buddha nichts Widersprüchliches gelehrt hat, wird im dritten Rad der Lehre dargelegt.

Raksha: Skrt., eine Form von Dämonen.

Ratnashri: Beiname von *Kyobpa Jigten Sumgön.*

Ratnasambhava: Skrt., (tib. Rinchen Jungnä), "Der Juwelengeborene", die Ursache für das Erscheinen der *Drei Juwelen*, Verkörperung der Weisheit der Wesensgleichheit (gegen Stolz). Einer der *Fünf Dhyani-Buddhas*. Er wird dem Süden und dem Element Erde zugeordnet. Sein Attribut ist das Juwel, seine Farbe ist gelb. Ratnasambhava wird oft mit der Handhaltung (Skrt. *Mudra*) der Wunschgewährung auf einem Löwen oder einem Pferd reitend dargestellt.

Rinchen Tsuk Tor Chen: Das *Mantra* lautet: Chomden-de Deshinshekpa Rinchen Tsuk Tor Chen la Chaktsal-lo.

Rinpoche: tib., "Kostbarer", ein Titel, der inkarnierten *Lamas* und ausgezeichneten spirituellen Lehrern vorbehalten bleibt. Das Wort wird als Ausdruck in der Anrede wie auch als letztes Element im Namen verwendet.

Rishi: Skrt., großer Weiser.

Sadhana: Skrt., "Zum Ziel gelangen, Mittel zur Vollendung". Im *Vajrayana* ist dies eine Bezeichnung für eine bestimmte Art von Ritualtexten und die darin aufgeführten Meditationsübungen. Sie enthält Gebete und Anweisungen zur *Meditation*, die im Zusammenhang mit einer bestimmten Meditationsgottheit rezitiert werden. Beispiele für Sadhanas sind in den Meditationen im zweiten Teil des Buches enthalten.

Samadhi: Skrt., "Fixieren, Festmachen", Meditatives Gleichgewicht, intensive Konzentration oder Versenkung. Samadhi wird erreicht durch die *Meditation der Geistigen Ruhe*.
(vgl. S. 97)

Samadhi der Geistigen Ruhe: die Praxis von Shamatha (tib. Shine), geistiger Ruhe.
(vgl. *Meditation der Geistigen Ruhe*)

Samadhi-Mudra: Skrt., Meditationshaltung (*Lotus-Haltung*).
(vgl. *Mudra*)

Samaya: Skrt., (tib. Damzig), Versammlung, Versprechen zwischen Guru und Schüler. Verbindungen, die durch *Ermächtigungen* des *Vajrayana* entstehen und durch das Einhalten von Regeln (Vajrayana-Gelübde) aufrechterhalten werden.

Sambhogakaya: Skrt., "Körper des vollkommenen Erfreuens". (vgl.
Vier Kayas)

Samsara: Skrt.,(tib. Khorwa), "Wanderung", der Kreislauf der Existenzen; eine Folge von Wiedergeburten, die ein Wesen immer wieder erlebt, solange es nicht die Befreiung erlangt hat. Das Gefangen-
sein im Samsara wird durch die *Drei Gifte* bedingt. Die Art der
Wiedergeburt hängt mit dem *Karma* der Wesen zusammen.
Samsara ist der Daseinkreislauf, der aus den sechs Bereichen des Leidens besteht.
(vgl. S. 48)

Sangha: Skrt., (tib. Gendün), "Menge, Schar", die religiöse Gemeinschaft. Diese umfaßt jene, die uns motivieren, Erleuchtung zu erlangen, die Gemeinschaft der Praktizierenden. Man unterscheidet drei
Ebenen der Sangha:
  – im gewöhnlichen Sinne: die Dharma-Geschwister
    (Laienanhänger, Skrt. *Upasaka)*
  – auf der höheren Ebene: die Ordinierten, d.h. die Mönche und
    Nonnen (Skrt. *Bhikshu/Bhikshuni)* und die Novizen (Skrt.
    Shramanera). Von einer Sangha spricht man, wenn minde-
    stens vier Mönche oder Nonnen versammelt sind.
  – auf der höchsten Ebene: Die Versammlung der *Bodhisattvas*
Das Sangha-Juwel ist das dritte Zufluchtsobjekt, die geistige Gemeinschaft.
(vgl. *Drei Juwelen)*

Sarwa Mangalam: Skrt., der Wunsch, daß diese Erklärungen den
Wesen zum Nutzen sein mögen.

Sechs Bereiche: die sechs Bereiche des Daseinskreislaufes.
(vgl. S. 41)

Sechs Paramitas: Skrt., "das, was das andere Ufer erreicht hat", das
Transzendente, allgemein als "Vollkommenheiten" übersetzt; die
höchsten Tugenden, die ein *Bodhisattva* auf seiner Laufbahn vervollkommnet.
  1. Dana-Paramita (Freigebigkeit)
  2. Shila-Paramita (Ethik)
  3. Shanti-Paramita (Geduld)
  4. Virya-Paramita (Freudige Anstrengung)
  5. Dhyana-Paramita (Konzentration)

6. Prajna-Paramita (Vervollkommnung der Weisheit).
(vgl. S. 85)

Sechs-Silben-Mantra: Die sechs Silben des Mantras OM MANI
PADME HUNG haben eine sehr umfangreiche Bedeutung. Nach
den Erklärungen dieses Textes (S. 144) können Beziehung der sechs
Silben zu folgenden Gruppen hergestellt werden:

6 Silben	OM	MA	NI	PAD	ME	HUNG
6 Farben	weiß	grün	gelb	himmelblau	rot	blauschwarz
	Qualitäten	Aktivität	unwandelba-re Weisheit	Körper	Sprache	Geist
	Buddha-Weisheiten	unendliche Liebe	höchstes Mitgefühl	unermeß-licher Gleichmut	grenzenlose Freunde	unendliches Mitgefühl
6 Paramitas	geistige Stabilität (Konzen-tration)	Geduld	ethisches Verhalten	Freudige Anstrengung	Freigebigkeit	Weisheit
5 Geistes-gifte	Stolz	Eifersucht	(Unwissen-heit)	Dummheit	Anhaftung	Zorn
6 Bereiche	Götterbe-reich	Halbgötter-bereich	Menschen-bereich	Tierbereich	Hungergei-sterbereich	Höllenbe-reich
6 Emanatio-nen von Chenresig	Indra	Takzangri	Buddha Shakyamuni	Standhafter Löwe	Flammender Mund	Herr der Phänomene
5 Buddha-Weisheiten	Weisheit der Gleichheit	Vollendende Weisheit	(aus sich selbst ent-standene Weisheit)	Dharma-dhatu-Weis-heit	Unterschei-dende Weis-heit	Spiegel-gleiche Weisheit
5 Buddha-Länder	Land der Herrlichkeit im Süden	Land des Vollkomme-nen Wirkens im Norden	(Land der Wiederkehr)	Land der Festen Ge-staltung im Zentrum	Land der Glückselig-keit im Westen	Land der Wahrhafti-gen Freude im Osten
5 Dhyani-Buddhas	Ratnasam-bhava (der Juwelengebo-rene)	Amoghasid-dhi (Bewußte Verwirk-lichung)	(Vajradhara, der Vajra-halter)	Vairocana (Strahlende Verwirk-lichung)	Amitabha (Grenzenlo-ses Licht)	Akshobhya (Unerschüt-terlichkeit)

Sechs Vollkommenheiten: vgl. *Sechs Paramitas.*

Sechs Yogas von Naropa: eine Gruppe von Lehren des *Vajrayana,*
die neben der *Mahamudra*-Lehre die wichtigsten Übungen der
Kagyü-Schule sind:
1. Innere Hitze (tib. Tumo)
2. Klares Licht (tib. Ösel)
3. Traum-Yoga (tib. Milam)
4. Illusionskörper (tib. Gyulü)
5. Zwischenzustand (tib. *Bardo*)
6. Bewußtseinsübertragung (tib. *Phowa*).

Shakyamuni: Skrt., "der Weise aus dem Geschlecht der Shakyas",
Beiname von Siddhartha Gautama, dem historischen *Buddha,* dem
Begründer der buddhistischen Lehre.

Shastra: Skrt., "den Geist des Schülers zur Befreiung hinwenden (Belehrung)", Abhandlungen (zur geistigen Befreiung) der buddhistischen Lehre, die die philosophischen Aussagen der *Sutras* systematisch interpretieren.

Shramanera/Shramanerika: Skrt.,   (tib.   Getsül/Getsülma), "Novize/Novizin".
(vgl. *Pratimoksha-Gelübde*)

Shravaka: Skrt., "Hörer" (des *Sutrayana*), jemand, der seine eigene Erleuchtung anstrebt und nach den Lehren des Theravada (Hinayana-Schule, die in südasiatischen Ländern verbreitet ist) hört und studiert.

Shunyata: Skrt., vgl. *Leerheit.*

Siddhi: Skrt., "tatsächliche Verwirklichung", geistige Fähigkeit, übernatürliche Kräfte. Im Kontext des buddhistischen Yoga, wie er vor allem im *Vajrayana* geübt wird, die vollkommene Beherrschung der Kräfte des Körpers und der Natur.
Man kann die Siddhis in drei Arten unterteilen:
  1. die gewöhnlichen Siddhis, die weltlichen Reichtum und Einfluß einschließen
  2. die außergewöhnlichen Siddhis der spirituellen Befähigung
  3. die höchste Siddhi, die Verwirklichung von *Mahamudra.*
In den Biographien der 84 Mahasiddhas (Skrt., "großer tatsächlich Verwirklichter") wird die Erlangung dieser Fähigkeiten beschrieben.

Sieben Medizin-Buddhas:
  1. Bheshaya-Guru
  2. Abhijnaraja
  3. Dharmakirtisargaraghosa
  4. Ashokottamashri
  5. Suvarnabhadravimalarathaprabhasa
  6. Ratnashikhin
  7. Suparikirtitanamashri.
(vgl. *Medizin-Buddha*)

Sieben Sugatas: vgl. *Sieben Medizin-Buddhas.*

Siksamana: Skrt., (tib. Gelobma) Nonnenkandidatin (vor oder an Stelle einer Vollen Ordination).
(vgl. *Pratimoksha-Gelübde*)

Skandhas: Skrt., "Gruppe, Anhäufung", auch Aggregation. Jede Aggregation ist eine Anhäufung oder Ansammlung von vielen Teilen.
Es gibt die Aggregationen:
- der Phänomene: das Körperliche, das Geistige, die Geistesfaktoren, nicht-produkthafte Geistesfaktoren und Nichtprodukte.
- der Lehre: die 84.000 Aggregationen der Lehre. Dabei ist jede Aggregation der Lehre ein Gegenmittel gegen einen verblendeten Geisteszustand.
- der Produkte.
In bezug auf die Person werden *Fünf Skandhas* erklärt.

Stufen und Pfade: Die drei Fahrzeuge bestehen aus jeweils fünf Pfaden. Die drei Fahrzeuge sind:
- zwei Kleine Fahrzeuge:
  1. Hörer-Fahrzeug (Skrt. *Shravaka*yana)
  2. Alleinverwirklicher-Fahrzeug (Skrt. *Pratyeka-Buddha*yana)
- das Große Fahrzeug:
  3. *Bodhisattva*-Fahrzeug(Skrt. Bodhisattvayana)
Die Fünf Pfade sind:
  1. der Pfad der Ansammlung
  2. der Pfad der Vorbereitung
  3. der Pfad des Sehens
  4. der Pfad der Meditation
  5. der Pfad des Nicht-mehr-Lernens
Die ersten beiden Pfade sind die Stufe der gewöhnlichen Wesen. Auf den mittleren beiden spricht man vom *Arya* (Skrt., dem Heiligen). Der letzte Pfad ist der des Feindzerstörers (Skrt. *Arhat*).

Sugata: Skrt., "der wirklich Gegangene; der zu dem segensreichen Ort (*Shunyata*) gegangene". Jemand, der durch Vervollkommnung der Weisheit und des Mitgefühls die *Buddhaschaft* erlangt hat. Hier: Ein Beiname des *Buddha*.

Sutras: Skrt., "Leitfaden", die Lehrreden des Buddha. Die Sutras sind im 2. Korb der buddhistischen Lehre (vgl. *Drei Körbe der Lehre*) zusammengefaßt, dem sogenannten "Korb der Lehrreden" (Skrt. Sutrapitaka). Die Sutras sollen direkt auf den Buddha zurückgehen und sind in Pali, Sanskrit sowie in chinesischen und tibetischen Übersetzungen erhalten.

Sutrayana: Skrt., Fahrzeug des Buddhismus, das in den Hinayana-
und *Mahayana-Sutras* gelehrt wird, auch Vollkommenheitsfahrzeug
(Paramitayana) genannt.

Tantra: Skrt., (tib. Gyü), "Zusammenhang, Kontinuität, Faden", im
Tibetischen Buddhismus als Bezeichnung für verschiedene Arten
von Texten (medizinischen Tantras usw.), in erster Linie jedoch
Oberbegriff für die Grundwerke des *Vajrayana* und die von diesen
beschriebenen Meditationssysteme.
Allgemein unterscheidet man Vier Tantraklassen:
1. Kriyatantra: es unterweist über rituelle und äußerliche For-
    men der Andacht zur Ansammlung von Verdiensten.
2. Charyatantra: es enthält rituelle Anweisungen und innere
    Übungen zur Geist-Entwicklung.
3. Yogatantra: es beinhaltet mehr Anweisungen über die
    Meditationspraxis und weniger über rituelle Übungen.
4. Anuttarayogatantra: es ist für jene gedacht, die über die höch-
    sten Fähigkeiten verfügen und sich nur auf die innere Samm-
    lung und die Wahrnehmung der Leere konzentrieren.

Tantrayana: Skrt., auch *Vajrayana* oder Mantrayana; ein Fahrzeug
des Buddhismus, das nach dem *Sutrayana* entstand und nur im
Mahayana gelehrt wird. Es kann schon in einem Leben zur Erleuchtung führen, daher nennt man es auch "das Schnelle Fahrzeug".

Tantrische Ermächtigungen: Kraftübertragung von einem Meister
auf einen Schüler.
(vgl. *Ermächtigung*)

Tara: Skrt., (tib. Dölma), "die Barmherzige, die Retterin". Tara ist
eine Emanation des *Bodhisattva Chenresig* (Skrt. Avalokiteshvara),
die aus seinen Tränen entstanden sein soll, um ihn in seinem Wirken
zu unterstützen. Sie verkörpert den weiblichen Aspekt des Mitgefühls. Sie wird als Gottheit bei Krankheiten usw. angerufen und
hilft, ans andere Ufer (jenseits von *Samsara*) zu gelangen. Sie gilt als
Schutzgottheit, die vor Furcht und Angst beschützt und Wünsche
erfüllt.
Sie erscheint in einundzwanzig verschiedenen Manifestationen, die
ikonographisch durch Farbe, Körperhaltung und Attribute unterschieden werden und sich in friedvoller oder zornvoller Erscheinungsform manifestieren können. Die häufigsten Formen sind die
Grüne und die Weiße Tara. Die beiden Gemahlinnen des tibetischen

Königs Songtsen Gampo (7. Jh.) werden als Verkörperungen dieser beiden angesehen.

Tiefgründiger Fünffacher Pfad von Mahamudra: (tib. Ngadän), ein stufenweiser Pfad zur Verwirklichung von *Mahamudra*, der in der *Drikung-Kagyü*-Schule übermittelt wird. Er besteht aus:
1. den allgemeinen, besonderen und speziellen Vorbereitenden Übungen (tib. *Ngöndro*), insbesondere der Entwicklung von *Bodhicitta*
2. dem *Guru-Yoga*
3. der Praxis des *Yidam*
4. der Praxis von *Mahamudra*
5. der Widmung des Verdienstes.
(vgl. S. 110)

Tushita: Skrt., "die Stillzufriedenen", ein von Göttern bewohnter Bereich, in dem der zukünftige Buddha (Maitreya) weilt, bis er im Bereich der Menschen erscheint.

Übertragung der Linie: die Übermittlung der Lehre vom Lehrer zum Schüler. Insgesamt gibt es viele verschiedene Übertragungssysteme für die verschiedenen Übungen und Methoden, die bis zum heutigen Tag erhalten sind.

Unheilsame Handlungen: aus störenden Gefühlen entstandene Handlungen, die Leiden verursachen.
(vgl. *Zehn unheilsame Handlungen*.)

Upasaka/Upasika: Skrt., (tib. Genyen/Genyenma), "Dabeisitzender"; upaya: "Mittel zur Verwirklichung des Erkannten", Geschicklichkeit der Methode. Ein Upasaka ist ein buddhistischer Laienanhänger, der sich durch die Dreifache Zufluchtnahme zum Buddhismus bekennt und gelobt, die fünf Grunddisziplinen (Skrt. Shilas) einzuhalten:
– nicht zu töten
– nicht zu stehlen
– nicht zu lügen
– kein sexuelles Fehlverhalten zu begehen
– keine berauschenden Mittel zu sich zu nehmen.
Es gibt 7 Stufen der Upasaka-Disziplin:
1. Laienanhänger, der die Zuflucht hält
2. Laienanhänger, der eines der fünf Wurzelgelübde hält

3. der zwei der Wurzelgelübde hält
4. der drei oder vier der Wurzelgelübde hält
5. der alle fünf Wurzelgelübde hält
6. der zusätzlich zu den fünf Wurzelgelübden im Zölibat lebt
7. der dazu ständig die acht Gelübde einhält (fünf Wurzelgelübde mit Zölibat, keine hohen Sitze, kein unzeitgemäßes Essen und kein Tragen von Schmuck)
(vgl. *Pratimoksha-Gelübde*)

Vaidurya-Juwel: außerordentlich kostbares Juwel von blauer Farbe mit einer heilenden Wirkung, häufig fälschlicherweise als Lapislazuli übersetzt.

Vairocana: Skrt., (tib. Nampar Nangdsä), "der Sonnengleiche, der Strahlende", Verkörperung des universalen Gesetzes, einer der *Fünf Dhyani-Buddhas.* Er wird dem Zentrum und dem Element Raum zugeordnet. Sein Attribut ist das *Chakra* (Rad), seine Farbe ist weiß. Er symbolisiert die *Dharmadhatu*-Weisheit (gegen Unwissenheit). Sein Throntier ist der Löwe und sein Symbol ist das Gesetzesrad.

Vaishravana: Skrt., Gott des Reichtums.

Vajra: Skrt., (tib. Dorje), "Diamant", Diamantzepter; Symbol des Höchsten Bewußtseins und der Methode; männliches Prinzip.
Der Diamant symbolisiert das, was unteilbar und unzerstörbar ist, die Wahre Wirklichkeit, die *Leerheit,* das Wesen oder die Essenz alles Seienden.
Vajra und Gantha (*Glocke*), die in den vor dem Herzen von Buddha *Vajradhara* gekreuzten Händen gehalten werden, symbolisieren die Verschmelzung von Weisheit (Glocke, Einsicht) und Methode (Dorje, Mitgefühl).

Vajra-Haltung: die sieben Punkte umfassende Körperhaltung des Buddha *Vairocana.*
(vgl. S. 100)

*Vajra-Meister: Meditations*meister des *Tantra.*
(vgl. S. 73)

Vajradhara: Skrt., (tib. Dorje Chang), der ursprüngliche Zustand des Geistes (*Buddha-Natur*), der in der Form des *Sambhogakaya* dargestellt wird.

Vajrapani: Skrt., (tib. Channa Dorje), "der Herr des Geheimen, der die Dämonen unterwirft", von blauer Farbe. Er repräsentiert die Beseitigung aller Hindernisse.

Vajrasattva: Skrt., (tib. Dorje Sempa), "Diamantwesen", ein Aspekt der *Buddhaschaft,* der die reinigende Kraft der Erleuchtung darstellt und in sich die Gesamtheit der *Fünf Buddha-Familien* vereinigt, so wie in der weißen Körperfarbe alle fünf Farben enthalten sind. Vajrasattva hält in der rechten Hand ein *Vajra* am Herzen, der seine unzerstörbare Essenz symbolisiert. Seine Linke Hand hält eine *Glocke* an der Hüfte als Zeichen seines Mitgefühls. Er gehört zur Familie von *Akshobhya,* der sich auf seinem Kopf befindet. Sein 100-Silben-*Mantra* enthält die Keimsilben für 100 friedvolle und zornvolle Gottheiten und wird in allen Schulen des Tibetischen Buddhismus zur Reinigung des Geistes verwendet.
Die Praxis von Vajrasattva ist eine spezielle Reinigungsmethode, die Unwissenheit und Hindernisse auf dem Weg zur Allwissenheit beseitigt, so als ob ein Spiegel von Staub gereinigt wird. Durch eine solche Reinigung kann sich die Wahre Natur des Geistes, die allen Wesen innewohnende *Buddha-Natur,* offenbaren.

Vajrayana: Skrt., (tib. Dorje Thegpa), "Diamant-Fahrzeug", Synonym für das Geheime Fahrzeug, auch Mantrayana oder *Tantrayana* genannt. Diese Schulrichtung des Buddhismus entwickelte sich aus den Lehren des *Mahayana* und gelangte mit diesen von Indien und Zentralasien nach Tibet, China und Japan.

Vajrayogini: Skrt., (tib. Dorje Naljorma), eine *Dakini.* Meditationsgottheit (*Yidam*) der höchsten *Tantra*klasse (Anuttarayogatantra).

Vier Edle Wahrheiten: die Grundlage der buddhistischen Lehre. Diese sind:
1. die Wahrheit vom Leiden,
2. die Wahrheit von den Ursachen des Leidens,
3. die Wahrheit von der Beendigung des Leidens
4. die Wahrheit vom Weg, der zur Beendigung führt.
Die Vier Edlen Wahrheiten wurden vom Buddha dargelegt, als er nach seiner Erleuchtung in Varanasi den fünf Asketen die Lehre zum ersten Mal vorstellt. Dies wird auch das Drehen des 1. Rades der Lehre bezeichnet.

Vier Elemente: Die vier Grundelemente: Erde (gelb), Wasser (blau), Feuer (rot) und Wind/Luft (grün).

Vier Handlungen: Gehen, Sitzen, Liegen und Stehen.

Vier Kayas: Skrt., die vier Körper eines Buddha. Man kann die Vier Kayas unterteilen in:
- zwei Arten von Wahrheitskörpern (Skrt. *Dharmakaya*):
  1. Weisheits-Dharmakaya (Skrt. Jnanakaya): die Allwissenheit des Buddha, der Aspekt der Allwissenheit
  2. natürlicher Dharmakaya (Skrt. Svabhavikakaya): die letztliche Natur des Geistes, der Aspekt der Beendigung aller Fehler
- zwei Arten von Formkörpern (Skrt. Rupakaya):
  3. Körper des vollkommenen Erfreuens (Skrt. *Sambhogakaya*): z.B. der Körper eines *Bodhisattva*
  4. Ausstrahlungskörper (Skrt. *Nirmanakaya*): z.B. Buddha Shakyamuni.

Bei der Einteilung in Drei Kayas werden die zwei Wahrheitskörper zusammengefaßt.

Vier Unermeßliche: auch Vier Grenzenlose (Geisteshaltungen):
- unermeßliche Liebe (zu allen Wesen, die einmal unsere Mutter waren)
- unermeßliches Mitgefühl (der Wunsch, sie vor Leiden zu bewahren)
- unermeßliche Mitfreude (an den heilsamen Handlungen anderer)
- unermeßlicher Gleichmut (der frei ist von Anhaftung und Abneigung).

Wunscherfüllendes Juwel: ein von den *Nagas* aufbewahrtes Objekt der Wunscherfüllung.

Wurzel-Lama: (Skrt. Mulaguru, tib. Tsawä-Lama), der Lehrer, der uns auf dem Weg (zur *Buddhaschaft*) führt, von dem wir Ermächtigungen, Textübertragungen und Belehrungen erhalten und zu dem wir ein besonders starkes Band entwickelt haben.

Yaksha: Skrt., im Buddhismus als Wesen beschrieben, die eine götterartige Natur haben und übernatürliche Kräfte besitzen. In manchen Fällen sind es wilde, dämonische Wesen, die an einsamen

Plätzen wohnen und den Menschen feindlich gesinnt sind, insbesondere denen, die ein spirituelles Leben führen.

Yidam: tib., "fester Geist"; yi: Bewußtsein, dam: Schutz. Ein Yidam ist eine Schutz- oder Meditationsgottheit im *Vajrayana.* Yidams sind Manifestationen des *Sambhogakaya* und werden bei meditativen Übungen an Hand einer *Sadhana* visualisiert. Sie können eine friedvolle oder zornvolle Erscheinungsform haben. Jede Meditationsgottheit kann zum Yidam werden.

Allgemein verkörpert ein Yidam den *Buddha,* wie er von einem gewöhnlichen Wesen auf einer bestimmten Entwicklungsstufe wahrgenommen werden kann. Dies ist ein Hilfsmittel, das an das weiter entfernte Ziel heranführen soll. Nachdem man die *Ermächtigungen* erhalten hat, übt man die *Meditation* entsprechend aus. Da die Funktionen des Yidam sehr komplex sind, unterscheiden sich die Erklärungen zu den Anordnungen usw. in den Texten.

Der Geheime Yidam ist die Meditationsgottheit, deren Identität anderen gegenüber nicht enthüllt wird. Dadurch verstärkt sich der Segen der Praxis.

Zehn Bhumis: Skrt., "Land, Ebene", die zehn *Bodhisattva*-Stufen, wobei die erste Stufe dem Pfad des Sehens und die zehnte Stufe dem Eintritt in die Erleuchtung entspricht. Die einzelnen Stufen sind in den Texten unterschiedlich beschrieben.

Am Ende des Pfades werden in der *Vajra*gleichen *Meditation* alle verbleibenden Hindernisse aufgegeben, und der Bodhisattva erreicht die *Buddhaschaft.* Bodhisattvas der zehnten Stufe sind z.B. der zukünftige Buddha Maitreya und *Manjushri.*

Zehn heilsame Handlungen: Die Buddhas zeigen, was zu entwickeln und was aufzugeben ist. In diesem Sinne hängen alle heilsamen Handlungen direkt oder indirekt mit den Anweisungen des Buddha zusammen.
(vgl. S. 59)

Zehn Kräfte: die zehn Fähigkeiten, die ein Buddha besitzt und die ihm verschiedene Arten von Wissen verleihen: die Kraft der Erkenntnis

1. was die Wirklichkeit ist und was nicht die Wirklichkeit ist
2. der karmischen Früchte von Handlungen
3. der vielfältigen Neigungen
4. der vielfältigen Veranlagungen

5. wo höchste und nicht-höchste Begabungen vorhanden sind
6. der Pfade zu allen Zielen
7. wie man sich von den völlig leidenschaftsverbundenen Faktoren läutert
8. an frühere Ereignisse
9. von Tod und Geburt
10. der Beendigung des Befleckten.

Zehn unheilsame Handlungen: (vgl. S. 53)

Zwei Ansammlungen: die Ansammlung von Verdienst und Weisheit.

Ansammlung von Verdienst:
- Zufluchtnahme und der Wunsch, sich aus dem Daseinskreislauf zu befreien
- die Entwicklung einer altruistischen Geisteshaltung (Erleuchtungsgeist) und die Handlungen eines *Bodhisattva*.

Ansammlung von Weisheit:
- die Erkenntnis, wie Handlungen und ihre Resultate in Form von Glück und Leid zusammenhängen
- die Erkenntnis der subtilen Unbeständigkeit aller Produkte
- die Erkenntnis, daß alle Phänomene leer sind von wahrer, eigenständiger Existenz.

Zwei Befleckungen: auch Verdunkelungen, Hindernisse:
1. Hindernisse hinsichtlich der Befreiung (karmische Hindernisse):
   - *Karma* (Behinderung durch Ursachen und Wirkungen)
   - *Klesha* (Behinderung durch störende Gefühle)
2. Hindernisse hinsichtlich der Allwissenheit:
   - intellektuelle Verdunkelungen oder Unwissenheit, die daran hindern, die Dinge so zu erkennen, wie sie sind.

Zwei Errungenschaften: zwei Arten von *Siddhis*: die gewöhnlichen und außergewöhnlichen geistigen Fähigkeiten.

Zwei Hindernisse: vgl. *Zwei Befleckungen.*

Zweiunddreißig besondere Merkmale: die Zweiunddreißig Merkmale der Vollkommenheit eines Buddha, wie z.B. das Zeichen eines tausendspeichigen Rades auf den Fußsohlen, eine rechtsdrehende Haarlocke zwischen den Augenbrauen (Skrt. Urna), eine Erhöhung auf dem Scheitel (Skrt. Ushnisha), usw. Außer den Hauptmerkmalen werden achtzig Nebenmerkmale beschrieben.

Kontaktadressen

Informationen über buddhistische Einrichtungen und Zentren in Deutschland können Sie unter folgender Adresse erhalten:

Deutsche Buddhistische Union (DBU)

Geschäftsstelle: Amalienstr. 71
80799 München
Tel.: 089/280 104

Dachverband buddhistischer Gemeinschaften aller Traditionen in Deutschland. Herausgeberin der LOTUSBLÄTTER, Zeitschrift für Buddhismus.

Adresse des Herausgebers:

Drikung Sherab Migched Ling
Zentrum für tibetischen Buddhismus e.V.
Rütscherstr. 205
52070 Aachen
Tel.: 0241/154422

Acchi Chökyi Dölma